本书是国家社科基金重大项目(11&ZD158)的研究成果，并受科技部公益性行业科研专项（ 201210117，201310202 ），"十二五"国家科技支撑计划项目（ 2011BAK06B06 ），中央高校基本科研业务费专项资金(2014115010202)，"宏观质量管理湖北省协同创新中心"的资助

宏观质量管理学术丛书

ChanPin ZhiLiang AnQuan WangLuo
XinXi JianCe Yu YuJing YanJiu

产品质量安全网络信息监测与预警研究：
基于互联网信息的实证分析

程虹 许伟●著

中国社会科学出版社

图书在版编目(CIP)数据

产品质量安全网络信息监测与预警研究：基于互联网信息的实证分析/
程虹，许伟著. —北京：中国社会科学出版社，2014.12
ISBN 978 - 7 - 5161 - 5406 - 9

Ⅰ.①产…　Ⅱ.①程…②许…　Ⅲ.①互联网络—应用—
产品质量—质量管理—研究　Ⅳ.①F273.2 - 39

中国版本图书馆 CIP 数据核字(2014)第 308390 号

出 版 人	赵剑英
责任编辑	田　文
特约编辑	吴连生
责任校对	张爱华
责任印制	王　超

出　　版	中国社会科学出版社
社　　址	北京鼓楼西大街甲 158 号
邮　　编	100720
网　　址	http://www.csspw.cn
发 行 部	010 - 84083685
门 市 部	010 - 84029450
经　　销	新华书店及其他书店

印刷装订	三河市君旺印务有限公司
版　　次	2014 年 12 月第 1 版
印　　次	2014 年 12 月第 1 次印刷

开　　本	710 × 1000　1/16
印　　张	13.75
插　　页	2
字　　数	233 千字
定　　价	43.00 元

跨学科的前沿探索

——《宏观质量管理学术丛书》总序

　　无论宏观质量管理的定义还需要怎样的精确界定，也无论宏观质量管理的学科体系还有待怎样的科学凝练，宏观质量作为一种客观现象的存在是毋庸置疑的，而对宏观质量的管理更是一个显而易见的问题。科学最重要的是发现"问题"，这些问题既是新的，背后的规律又是有待人们去探索的。宏观质量以及对宏观质量的管理，就是一个新的问题，也是亟须从科学上探索其内在规律的问题。《宏观质量管理学术丛书》的定位，就是立足于探索宏观质量现象背后的科学规律，并在此基础上提出科学的质量管理和质量治理的制度、方法与工具。

　　现代科学的发展趋势就是要研究"问题"，同时对问题的研究则是采用跨学科的研究方法。宏观质量管理本身就是一个复杂的问题，需要从管理科学、经济科学、信息科学、工程科学和人文科学的跨学科视野展开综合研究，只有这样的跨学科研究才能识别和认识宏观质量管理背后的一般规律。《宏观质量管理学术丛书》将从跨学科的角度，推出系列的学术专著，包括微观产品质量与宏观经济增长质量研究、中国特色质量管理体制机制变迁研究、中国质量史研究、区域质量评价与经济性影响因素研究、质量主体博弈研究、质量责任体系研究、比较实验对中国质量治理体系优化研究、中国质量服务机构发展研究、标准作为一种市场秩序的理论研究、大数据管理下的质量创新研究、电子商务中质量信息分析研究、网络质量语义研究、基于网络的质量安全监测与预警方法研究等。这些系列著作都将从跨学科的角度，研究和探索宏观质量管理这一问题。

　　《宏观质量管理学术丛书》的学术追求是前沿与创新，将整合应用跨学科的前沿理论，以实证为主要研究方法，立足于大数据的应用，着力于对问题背后一般规律的探索，力求提出有创新性的理论观点和科学方法。

2

　　《宏观质量管理学术丛书》由武汉大学质量发展战略研究院、宏观质量管理湖北省协同创新中心组织编辑出版，是武汉大学质量发展战略研究院学术同仁科研成果的汇聚，将集中反映武汉大学质量发展战略研究院这一学术共同体的学科范式和科学追求。

　　　　　　　　　　　　　　　　　　　　　程　虹
　　　　　　　　　　　　　　　　《宏观质量管理学术丛书》主编
　　　　　　　　　　　　　　　　2014 年 12 月于武汉大学樱顶

目　　录

第一章　产品质量网络监测概述

第一节　研究背景

一　质量网络监测概念

质量网络监测，是武汉大学质量发展战略研究院基于"质量安全信息网络监测与预警服务平台"，通过综合利用质量风险理论、价值工程理论，结合搜索技术、云计算、数据挖掘、语义分析、质量安全评价体系等新一代网络信息技术的集成创新，实时收集来自公共互联网的海量消费者感知的质量安全信息，经过深度的挖掘、提炼、分析、处理，及时向广大企业、消费者和政府提供富有价值的质量安全信息服务。在当前这样一个"大数据"时代，质量数据的爆炸性增长极大地增加了质量安全的不确定性，并对质量安全治理的方法与技术提出了更高的要求，基于消费者的海量互联网信息的质量网络监测，为产品质量安全有效网络治理提供了一种行之有效的方法和技术。

本研究依托于"质量安全信息网络监测与预警服务平台"监测到的质量数据进行研究分析，选取了国内乳制品和汽车两个行业，共计34家企业、58个品牌和284个产品，其中包括55个乳制品产品和229个汽车产品的网络质量，共获得有效数据390223条。研究主要涉及8家乳制品企业，分别是蒙牛、伊利、光明、完达山、三元、南山、雀巢、圣元等企业；涉及26家汽车企业，分别是通用、福特、大众、宝马、奔驰、PSA、本田、丰田、日产、马自达、现代、比亚迪、奇瑞、吉利、上汽、长城、东风、铃木、一汽、力帆、东南、长安、江淮、海马、众泰、中华等企业。通过对汽车和乳制品行业进行深度分析，得出了一些有价值的观点。

希望我们此次研究能得到政府和相关企业的重视，为我国的汽车、乳制品行业的健康发展作出贡献，为中国企业的质量发展提出建设性建议。

　　质量安全问题存在的根本原因，在于质量信息的不对称性。在互联网兴起之前，能够产生和传播企业质量安全信息的主体，除了企业自身外，就是政府、媒体和专业从事质量服务的第三方机构。作为消费者要想向社会传播自身使用产品和对企业质量评价的感受，一般只能向以上的主体提供。进入互联网时代后，作为网民的消费者都可以通过互联网，直接向社会传播对产品和企业质量的评价信息[1]，特别是随着"微博"等"自媒体"传播方式的出现，每一个消费者几乎都可以成为一个独立的媒体，导致企业质量安全信息的传播，表现出极强的即时性和互动性[2]。根据中国互联网络信息中心（CNNIC）公布的第31次《中国互联网络发展状况统计报告》的数据，截至2012年12月底，我国互联网网民已达5.64亿人，全年共计新增网民5090万人。互联网普及率为42.1%，较2011年年底提升3.8个百分点，普及率的增长幅度相比上年继续缩小。手机网民规模在2012年增长迅速，并于年中超越使用台式电脑接入互联网的网民。手机上网的发展为网络接入、终端获取受到限制的人群和地区提供了使用互联网的可能性，包括偏远农村地区居民、农村进城务工人员、低学历低收入群体[3]。网民中40岁以上各年龄段人群占比率均有不同程度的提升，在这些用户中仅微博用户人数就达到3.01亿（CNNIC，2012），成为事实上的信息发布者。在移动互联网和移动智能终端快速发展的背景下，以上的用户，更是成为企业质量安全信息全天候的潜在生产者和传播者。

　　在非互联网的条件下，要获得企业质量安全状态的信息，虽然也可以通过消费者投诉、调查等方式，但主要还是依赖于对企业所生产产品的检验或认证，以及通过对企业经营的各类质量信用信息的获取。产品检验的局限性在于，基于成本和产品上市时间的要求，固定抽样的比例只能是产品总体数量的极少部分，不可能反映每一件产品的质量状态，更不可能全面反映生产各种不同类型产品企业的质量状态。对企业质量信用信息的分

---

① 程虹：《2012年中国质量状况》，《宏观质量研究》2013年第1期。

② 程虹、范寒冰、肖宇：《企业质量安全风险有效治理的理论框架——基于互联网信息的企业质量安全分类模型及实现方法》，《管理世界》2012年第12期。

③ 苏璞睿、冯登国：《面向国家战略需求构建信息安全体系》，《高科技与产业化》2013年第2期。

析，因为企业数量的庞大、机会主义倾向，以及信息的不对称，也很难低成本地获取来自众多企业的质量信息。面向企业的产品质量评价，最终的只能是来自于消费者使用后的感知。原因在于，消费者会因为使用产品所感知到的确定性后果和状态，准确地表达对企业质量安全的评价。消费者对风险更为敏感，作出购买决策时倾向于减少其感知风险而不是最大化其感知价值（Mitchell，1999），改变、推迟或取消购买决策在很大程度上是受到感知风险的影响（Kotler，1991）。因而，相较于来自产品检验和企业质量信用记录的信息而言，来自于消费者的使用信息，对于企业的质量安全评价，无论是在信息的数量上，还是在信息所反映的质量安全的最终状态上，都更为广泛，也更为准确①。

　　面向消费者获取企业的质量安全信息②，有多种渠道和载体，包括企业自身的用户信息和投诉服务系统、社会组织的消费者投诉系统、不同媒体的消费者投诉信息以及政府部门接受的消费者投诉信息等。但是，这些传统的获取消费者质量信息的方式面临的问题在于，既不能获取最大数量的消费者信息，又不能实时地得到这些消费者的信息，从而导致不能全面地评价企业的质量安全状态。而在互联网的条件下，既可以获取海量的消费者质量安全信息，又可以实时地得到这些信息，从而为企业质量安全的评价，提供了来自于消费者的最为广泛和实时的信息来源。

　　传统的质量安全监测和监管模式是通过企业内部的售后服务、投诉渠道、热线电话、市场调查、媒体以及政府监管部门的检验检测、抽查、执法等途径，获得产品的质量安全信息，然后责令企业回应、妥善处理或停业检查整顿。虽然消费者与企业和政府监管部门的质量安全信息互动早就存在，但仍存在着极大的信息不对称、信息数量有限、信息传递滞后、信息收集困难，难以智能化处理和挖掘利用，获得质量安全的规律性、趋势性判断。

　　本研究通过深度网质量安全网络信息监测与预警平台，来获取需要分析的 8 个乳制品企业以及 26 个汽车企业的质量信息。这些信息主要来源于微博、论坛、投诉平台和博客等全国知名的自媒体网络，覆盖了中国网络媒体 Alex 排名前 2000 位的 90% 以上。数据的获取方式是采用网络爬虫

---

　　① 程虹、范寒冰、肖宇：《企业质量安全风险有效治理的理论框架——基于互联网信息的企业质量安全分类模型及实现方法》，《管理世界》2012 年第 12 期。
　　② 程虹：《2012 年中国质量状况》，《宏观质量研究》2013 年第 1 期。

技术和元搜索技术：一种是通过指定范围的网站对其进行抓取采集，支持新闻、博客、论坛和微博采集，比如人民网、央视网、中国网、新浪、腾讯网、搜狐、网易等网站；另一种是通过百度、谷歌、奇虎360、搜狗等搜索引擎根据关键词进行全网的数据采集。通过对上述的网络媒体信息源进行不间断的网络获取，依据企业名称和产品名称对已经采集获取的数据进行过滤，获得与企业相关的所有数据，并通过人工智能自动判别的方式，将所有涉及企业质量风险的数据进行标注，构建相应的分类信息源。

二　质量进入大数据时代

现在全世界的学术界、新闻界、商界，包括政府都在讨论大数据时代，而牛津大学教授的维克托·迈尔－舍恩伯格和肯尼思所写的《大数据时代》与《删除：大数据取舍之道》是其中的代表性著作。所谓"大数据"，是指其规模超出了现有采集、储存和分析的数据总量，是一个定性的描述方法，意指人类现在所面临的数据量、数据增长和数据类型，超出了以往的规模，以其"大"的定义，告诉我们人类已经进入了一个数据无处不在、数据爆发性增长的新时代[①]。21世纪是数据信息大发展的时代，移动互联、社交网络、电子商务等极大拓展了互联网的边界和应用范围，各种数据正在迅速膨胀并变大。在2006年，个人用户才刚刚迈进TB时代，全球一共新产生了约180EB的数据；在2011年，这个数字达到了1.8ZB。而有市场研究机构预测：到2020年，整个世界的数据总量将会增长44倍，达到35.2ZB（1ZB＝10亿TB）。大数据有四个特征，即大量化（Volume）、多样化（Variety）、快速化（Velocity）、价值密度低（Value）。在大数据时代，人类仅凭所拥有的数据总量，就可以更加清楚地判断出事物之间的关系。比如，美国国家邮政局在邮政车上，都安装了传感器的装置，它们能在将邮件送到每个社区时，实时地采集该社区的噪声、空气质量指数，如此一来，科学家能更加准确地了解到各个不同区域的空气、噪声等环境质量的精确指标。

在大数据时代，人类突破了以前数据采集的困难，不再仅依靠抽样的小样本数据，而是拥有了一个事物的全数据。美国利用穿梭在各地的车辆，实时地收集各类天气的数据，使得当地天气预报的准确性大大提高。

---

① ［英］维克托·迈尔－舍恩伯格、肯尼思·库克耶：《大数据时代》，盛杨燕、周涛译，浙江人民出版社2013年版。

在大数据时代，人类可以搜集各类不同的数据信息，不再追求单一数据的精确性，而是依靠更大的数据总量，来支撑对事物的判断。在美国，人们在手机上输入某个产品的名称，就可以得到关于该产品被召回、被消费者投诉和媒体评价的信息，从而更加理性地消费。我们说，大数据时代所带来的绝不仅仅是数据量的大小，而是将带来人类思维方式、工作方式和决策方式的变革①。国际著名的咨询机构麦肯锡公司被称为"大数据：下一个创新、竞争和生产力的前沿"，美国政府在 2012 年发布了《美国联邦政府大数据研发计划》，明确表示要抢占下一个比石油、煤炭更为重要的资源。

关于数据对质量的价值，美国著名的管理学家、统计学家戴明曾经说过，"除了上帝，任何人都必须用数据来说话"，戴明作为享誉世界的集统计学家、管理学家和质量管理学家这三个专家的称谓于一身，本身就表明了质量是以数据的统计为基础的结论②。无论是质量固有特性的测量，还是顾客满意的评价，实际上都来自于数据的表达，可以说没有数据，就没有质量，任何质量都是基于数据的评价和统计。

在人类进入大数据时代的背景下，质量是否也进入到了大数据时代呢？我们非常有必要对这个问题，作一番认真的分析。

第一个分析当然是大数据时代最重要的条件，那就是互联网的普及。实际上，这几年来无论是中国，还是世界其他国家，质量问题之所以如此被人们广泛关注，又如此让大家感到不满，其中一个重要的原因就是互联网的普及。在互联网上，哪怕是一个非常小的国家的某个普通消费者，只要他在网络上发布了一条不好的质量安全信息，瞬间就可能会被转发到全世界的每一个角落，并让消费者人人自危。互联网所带来的质量数据，是我们以往任何一种方法都不可企及的，因为每天每一个消费者都可以随意地、实时地在互联网上发布他感到不满的质量问题的信息，这些数据累积起来就是大数据。所以，互联网的普及，毫无疑问地把我们拉入到了质量的大数据时代。

第二个分析就是数据获取技术的进步和普及。大数据时代的很多数据不是来自于人本身，而是来自于物体本身，如很多发达国家通过各种传感器，使得车辆、机器和物品都能传递物体的信息，这一点在我国也越来越

---

① 涂子沛：《大数据：正在到来的数据革命》，广西师范大学出版社 2012 年版。

② 程虹：《中国质量怎么了》，湖北科学技术出版社 2013 年版。

普及，比如在很多人的车辆上所装载的 GPS 系统，都在时刻地传递有关这辆车的各类信息。再比如，在重庆、北京，通过在电梯上安装传感器，在监控中心能够实时地获取电梯运行的各类数据。如今，这些数据获取技术的成本已经越来越低，比如，射频技术（RFID）已经便宜到可以在一个鸡蛋上应用，使得各大型商场对于每一件商品的来龙去脉都清清楚楚。传感器和射频技术的普及，使得我们对物体的运行性能、质量安全状态有了更为方便的数据获得方法，这在环境质量、工程质量中也将会得到越来越广泛的应用，目前，很多桥梁上就安装了这样的传感器，监控中心能实时地获取这些桥梁承载的安全指标。

第三个分析就是信息工具的个人化。以前只有专业机构用得起的信息采集仪器，现在已经被个人所广泛使用，比如便携式的血压、心脏和其他人体器官的监测仪器，使人们能够实时地获得自身健康的相关指标。更不要说现在已经普及几百块钱一个的智能手机，使人们获取视频影像信息和声音数据信息，变得非常便捷和快速。网上的"表哥""微笑哥"等官员，就是因为网民的一张手表图片、一张微笑的面部表情图片，而招来了"灭顶之灾"。实际上，现在国内外有很多消费者，每天通过个人简单的手持信息设备，在网上发布大量的有关产品、服务、工程和环境的图片、声音和视频的质量数据。有些企业也开始通过这种低成本的信息工具，在网上实时地公开自己生产现场的视频，让每个消费者能在网上看到产品生产的全过程。实际上，政府、企业每天也在应用这些新的信息工具，产生大量的质量监管和质量管理的数据。以上所分析的这些大量的数据，都是在传统的工业时代所不可能大规模拥有的，更为重要的是，这些数据几乎以秒为单位在快速增加。从这方面看，我们说质量确实已经进入了大数据时代。

接下来，我们需要研究的是，质量进入大数据时代以后，质量的大数据有哪些主要的类型呢？第一类，是来自于消费者在使用中的质量数据，这是质量大数据的主要类型；第二类，是来自于物体的质量数据，包括产品的质量数据、检验机构的质量数据；第三类，就是来自于政府在质量监管业务中所产生的质量数据。当然还有一些其他类型的数据，但主要是这三类。这三类数据分别对应了质量的三个不同主体，在使用中，质量数据对应的是消费者主体，物体的质量数据主要对应的是企业主体，监管业务的质量数据对应的是政府主体。分析和清晰地划分大数据的类型有着特别重要的意义，大数据就意味着各类数据之间要相互兼容，要有更多不同类型数据的呈现，才能找到质量之间的相关性。比如，政府质量监管业务中所产生的业务数据具有抽样样本的代表性，但有时由于样本量太小，并不容易得出对这个行业产品质量风险的判断，如果加上消费者所提供的大量质量数据，就较容易得出某一个产品领域的风险状况，从而作出更为科学的监管决策。目前的问题是，我们的质量大数据已经出现，但是相互之间却是隔绝的，不能真正地发挥质量大数据的应有价值，这就需要政府监管部门创新思维，开门搞监管，开门获取其他类型的质量大数据，而不是对那些小作坊式的数据都要亲力亲为，一谈到需要其他类型的质量大数据，就开始自己搞投入，建机构。实际上，大数据时代的质量监管，就意味着监管部门必须与社会其他主体，共同分享质量的数据。

质量大数据的价值，并不在于这些数据本身，而在于通过对这些数据的分析而得到应用，这才是数据能成为资源的原因。武汉大学质量院作为中国知名高校中专业的质量研究和教学机构，近几年来一直在做质量数据分析的研究，为此专门建了两个平台：一个是中国质量观测基地；另一个是中国质量网络信息监测与预警平台。前者主要是通过线下的消费者实地调查，获得有关产品、服务、环境和工程的质量满意度、质量安全、政府质量公共服务和消费者质量素质等方面的数据，这些数据的获得是基于连续性的观测；后者主要通过互联网的语义分析技术、数据挖掘技术和智能决策支持技术，实时地监测和获取消费者有关质量的各类信息。该平台目前获取的有效质量数据总量已达到 500 多万条，而且还在以分钟为单位不断增加。我们之所以花这么多投入，包括资金、人力和时间，主要不是为了获得数据本身，而是要通过这些数据来找出不同地区、不同领域、不同行业的质量状态的普遍特征，尤其是要找出质量安全风险演变的一些规律性的东西，看某一类型的产品是哪些企业、在什么时段更容易出现质量安全问题，找出问题背后的规律。比如，私人轿车因为质量而出现安全问题，到底在一天内的哪个时段更容易出现，问题的出现是与天气的关系大，还是与道路的状况关系更大？这些规律性的问题，只有在大数据的条件下才能得出结论。在这里，我还可以给大家推荐另外一本研究大数据的著作，那就是全球复杂网络研究权威、美国东北大学教授艾伯特－拉斯洛·巴拉巴西所著的《爆发》。这本书指出，基于大数据，人类的行为都是有规律可循的，因为更多的数据会更真实地呈现出某一种行为的规律性。实际上，美国纽约警察局就是因为对大数据的详细分析，而得出哪个时段、哪个区间更有可能出现某种类型的犯罪行为，并将这样的数据分析开发成了一套软件系统，支撑警力的配备，有效地降低了当地的案件发生率。我们对大数据的研究，一方面是要找出描述性的数据，要得出不同领域和不同类型的质量状态是什么；另一方面是要找出预测性的数据，找出哪些区域的企业或哪种产品类型，可能会在什么时段或季节出现质量安全问题。我们说，提出对未来质量安全的趋势性预警，就是质量大数据研究的最大价值，而随着质量大数据时代的到来，这一价值会得到更好的体现。

政府对于质量风险的管理，离不开质量信息数据的搜集与处理。质量信息数据常常是不对称的，企业拥有更多的质量信息数据，而且一般不愿主动暴露自身产品存在的质量风险数据。政府要有效管理质量安全，就须及时获取监管渠道的产品质量数据、消费者的反馈数据以及企业和质量第三方服务机构的质量数据。尤其是在互联网时代，消费者能便捷地将自己对质量的评价数据传播开来，进而形成质量的大数据。大数据对质量管理，既是挑战，因为要面对复杂的质量评价数据；更是机遇，因为可以利用现代网络智能技术实现对质量的数字化管理。

三 总体质量信息不对称

(一) 以"总体质量信息"为核心的宏观质量管理参与主体

宏观质量管理的参与主体，主要有质量供应方、质量方、质量监管者和质量第三方四方参与主体（程虹，2009）。市场经济下，由于委托—代理关系的存在，拥有较多的私人总体质量信息的代理人，与没有私人质量信息的委托人之间，对总体质量信息的搜索、发布等策略进行博弈。

质量供应者主体一般拥有关于质量更多的私人信息，这一主体会权衡信息搜寻和发布的收益和成本，有限制地搜寻与发布信息，可能故意隐瞒不利于自己的总体质量信息，而不被其他主体所知晓。同时，质量需求者（消费者）这一参与主体，希望能够获得更多的、完全的总体质量信息，但基于收益和成本的权衡，会限制性地搜寻信息。第三方质量检验认证者，采用一定的抽样、检测等技术，对质量供应者的质量信息进行甄别和挖掘，从而准确把握涉及社会和大多数人的总体质量信息。作为质量监管者主体，经常得到来自于消费者主体的质量信息，还需要甄别第三方质检验认证者主体提供的质量信息,才能对质量供应者主体的总体质量信息作出理性的判断,防止和减少质量安全事故的发生。

透视宏观质量管理中各参与主体的相互关系,可以得出,各参与主体基于"总体质量信息"的管理展开质量管理的具体工作,也就是说各参与主体之间关系的核心就是"总体质量信息"。因此,宏观质量管理是各参与主体围绕"总体质量信息",基于自身利益和信息成本的权衡进行多方博弈的过程。

9

(二)基于宏观质量管理的总体质量信息的特点

总体质量信息的及时处理和传递,是宏观质量控制的必要条件。只有对总体质量信息进行有效甄别和及时传递,才能向宏观质量管理的四方参与主体,提供真实、全面、及时的质量信息,为宏观质量管理提供宏观质量政策、宏观质量目标和宏观质量措施的数据支撑和决策依据,最终促使质量供应者能提供安全、高质量的产品或服务。但是,总体质量信息本身所特有的"专业性"特征,使总体质量信息的有效传递面临巨大挑战。总体质量信息的专业性特征,具体表现主要有以下三个方面。

1. 总体质量信息的技术要求高。宏观质量管理的根本目的是以人为本,让人能够生活在一个安全的质量环境中。那么,无论是质量供应者,第三方质量检验认证者还是质量监管者,面临关于质量安全的总体质量信息,都会谨慎地、有选择地进行信息的筛选和发布,基于利益与成本的权衡,有可能会隐瞒不利于自身利益的信息。同时,由于质量信息涉及具体行业的专业技术和细节,所以,关于质量安全的总体质量信息一般都有很高的隐蔽性和专业性,很难被发现或挖掘。如果不具备总体质量信息的专业知识以及专业经验,人们很难获取和甄别这些关于质量安全的总体质量信息,也就很容易造成盲目决策的行为,从而给市场带来伤害。

2. 总体质量信息的更新速度快。信息、技术的迅猛发展,使人们的生产和生活方式发生了巨大的变化。信息技术推动了经济全球化的实现,市场变化越来越快、产品的生命周期越来越短、市场竞争越来越激烈。产品的生产工艺、原材料等领域的技术创新日新月异,服务的类型、手段等方面的变化层出不穷。这些发展趋势迫使质量的衡量指标、质量的控制手段要根据对象的变化而及时变化,总体质量信息的更新要及时、准确。在信息技术条件下,信息更新效率决定了监管效率,监管效率最终影响整个市场的监管效率。总体质量信息只有具有迅速更新和应变的能力,宏观质量管理才能适应日益激烈的市场竞争，否则就很容易出现质量政策和法规滞后的行为。

3. 总体质量信息的内容覆盖广。总体质量信息主要反映在市场上的所有产品品种或服务的主要质量信息，是质量监管者进行质量管理和决策最直接、最客观、依赖性最强的信息来源。产品或服务的种类浩如烟海，总体质量信息既包含所有行业、部门的产品质量安全信息，又涉及国内外国家或地区的质量政策和质量法规；既包含出口产品的质量信息，又包含进口产品的质量信息。因而，这就决定了总体质量信息不但具有速度快、时效强的特点，还具备专业细分多、数量大、覆盖内容广等特点。以大量、广泛、及时、准确的总体质量信息为基础，宏观质量管理"看得见的手"——质量监管者，在进行质量法规制定和政策出台等决策时，才是科学理性的。

（三）现有质量监管方式的本质——总体质量信息的监管

目前，我国进行产品质量监管的主体是国家行政部门。其中，产品质量监管的主要方式包括行政许可、标准认证、监督检查等。

行政许可。是指行政主体应行政相对方的请求，通过办法许可证、执照等形式，依法赋予行政相对方从事某种活动的法律资格或实施某种行为的法律权利的行政行为。许可证管理把那些可能产生社会性危害问题控制在生产经营之前，限制不具备生产经营资格的经济主体从事该领域的经济活动，从而实现了信息优势方信息传递，降低了信息劣势方的信息甄别成本。

标准认证。是指监管机构力图通过市场力量促使优劣产品分开，在产品市场实现分离均衡的重要步骤，也是规范厂商行为、保护消费者安全的重要工具。尤其是知名的检测机构，所进行的质量信息披露、传播和管理等行为，都在一定程度上规范了经济主体在生产经营当中的行为，也降低了这些主体由于片面追求利润，而对社会其他成员造成的损失。

监督检查。是指产品质量监管机构依据有关法律法规、政策和质量标准对企业进行监督、监察、检验、鉴定和评价。我国对产品质量进行监管的方式主要包括抽查、统一检查和日常监督检查。对可能危及人体健康和人身财产安全的产品，影响国计民生的重要工业产品以及消费者、有关部门反映有质量问题的产品进行抽查、统一检查和经常质量监管。

由以上分析所知，我国现有产品质量监管的方式，其监管的目的都是为了获取总体质量信息，其监管的本质就是总体质量信息的监管。目前，我国产品质量监管的主要方式，就是通过监管来进行信息搜集、甄别、统计和发送，改变生产者和消费者之间的信息不对称的局面，从而有效地弥补消费者和厂商之间关于产品质量的信息差距。在这些总体质量信息的基础上，消费者通过许可证、标准认证等质量信息来选择优质厂商生产的产品，监管机构根据监督抽查的结果，对劣质产品进行打击，从而有力保护广大消费者的合法权益和维护社会经济的正常运转。

（四）总体质量信息的本质特征——不对称性

在经济生活中，每个人根据其掌握的信息作出决策，这些信息既有决策者本身的，也有关于其他决策者的。这种互动决策的过程，就是博弈。在博弈过程中，参与者与其他参与者所拥有的信息不完全是相同的。也就是说，不完全信息是参与者的一种常态，参与者之间的这种状态被称为信息不对称。非对称信息是信息经济学的一个核心概念，它所研究的就是在非对称信息条件下，参与者之间的行为关系以及个体最优决策问题。

总体质量信息所研究的就是不同参与主体不同的决策行为，以及这些决策行为相互之间的影响。总体质量信息的基础是不同的参与主体，诸如质量供应方、质量需求方、质量监管方和质量第三方。这些总体质量信息的参与主体，都是利益或效用最大化的追求者，他们所掌握质量信息的多少是不一样的。这就使得参与主体有机会主义的倾向，相互之间的决策关系和影响也更加复杂。从信息经济学的角度讲，质量政策或质量制度就是不同参与主体自由博弈的结果，质量监管问题其实就是参与主体质量信息不对称的问题，即总体质量信息的不对称性。掌握更多总体质量信息的参与主体，在质量监管中无疑处于更有利的地位；反之掌握更少总体质量信息的参与主体，在质量监管中则处于相对不利的地位。这样就极易导致一些质量安全问题的出现，这与不同参与主体之间质量信息不对称有着直接的关系。因而，总体质量信息的本质特征就是不对称性。

（五）总体质量信息不对称性的表现

正如以上分析，不对称性是总体质量信息的本质特征。由于总体质量信息的不对称，各参与主体基于利益或效用最大化进行博弈。

市场经济中，典型的总体质量信息不对称，存在于质量方与质量需求者之间，也可说是代理人与委托人。作为质量方，对企业、行业的内部经营活动、产品的种类、安全特性等拥有较为充分的信息，使其在与质量需求者的博弈抗争中占优势地位。而质量需求者缺乏这些内部信息，只能通过质量供应者输送出来的信息间接地对产品或行业进行评价。信息不对称，使得质量需求者面临着安全与健康风险。质量需求者由于无法通过产品质量来区分高质量生产者和低质量生产者，那么质量需求者只会根据自己关于高质量产品和低质量产品的比例来确定愿意支付的价格。这样确定的预期价格水平低于高质量厂商的价格，会导致高质量生产者离开市场，使市场出现"劣质品驱逐优质品"的"市场失灵"现象。

同时，在总体质量信息不对称条件下，质量第三方（质量检验认证者）以及质量监管者有进行监管干预的机会主义倾向。质量检验认证者以及质量监管者可以运用行政、法律法规、经济等手段，对质量供应者进行监督和管理。但是，由于总体信息不对称，作为质量供应者，无法区分质量检验认证者以及质量监管者进行监管干预的真正动机和目的。但是，如果质量供应者不接受质量检验认证，或者不接受质量监管者的监管检查，就会面临社会形象受损或罚金的承担。当质量供应者认为配合监管的成本低于不配合监管的成本时，就会接受质量检验认证者以及质量监管者的监管干预。这样，就会容易出现质量管理部门的寻租行为，同时造成标准、认证、抽查等质量信号工具的公信力下降的结果。

四　质量信息的主要来源——消费者

质量信息评价本身也是一个多维度的概念，其首要回答的问题是对谁进行质量信息评价。其所面向的对象是由三个不同的对象构成的。

第一个信息评价对象就是产品，也可称为原始的质量信息评价对象，因为质量首先是要产品具有某种能够满足消费者需要的属性，对"属性"的信息评价固然是质量信息评价的重要源泉。具体而言，是指附着于产品、服务、工程和环境本身之上的信息评价对象。面向产品和事物本身进行信息评价具有直接性、原始性的特点，也具有重要的价值。例如，通过对产品属性的检验、对环境中 PM2.5 值的信息评价，这些信息评价方法固然能够对产品质量和环境质量作出准确的、客观的判断。当前，我国已经在对产品这一直接对象的信息评价中投入了大量的资金，并建立了专门的队伍和具体的实验室。根据国家认监委统计的结果显示，截至 2011 年年底，我国对外开展检测工作的机构资源总量为 25669 家（不包括企业和医院内部实验室），分别隶属于中国 26 个行业，遍布全国 32 个省、自治区和直辖市。获得中国合格评定国家认可委员会（CNAS）认可的实验室共 4835 家，数量位居世界第一，而且该数量每年还以较快速度增长。统计显示，2007—2011 年间，CNAS 认可的实验室年平均增长速度达 12%以上[①]。可见，面向产品和事物本身的信息评价在我国已有的积累最多、优势最大，这些都是我国多年来质量信息评价建设赖以进行的重要基础。

第二个信息评价对象是生产质量的生产商或服务提供商。我们的质量信息评价也可以通过一些间接指标来进行，即通过质量的生产者或者质量服务提供者来进行。因此，质量信息评价的第二个对象就是质量的直接生产者和提供者——企业。实践中我们已经在对企业的质量信息评价中进行了一些积极的探索，例如，我们正在积极建立企业黑名单、信用资料库等，希望努力通过对企业的控制和管理，进而达到对其生产的质量进行信息评价。当然，这些探索相较于产品质量信息评价来说，仍然处于起步阶段，我们对企业的信用记录、发展周期的信息评价，还显得比较短暂、不够充分，这与我国市场经济的不成熟有一定的关系。

第三个信息评价对象是企业生产的产品和服务的使用者，即从使用者也就是从实际消费这个产品和服务的消费者角度来观察质量状态（以下统一使用"消费者"一词）。在对消费者的界定中，美国《布莱克法律词典》将其解释为："区别于制造商、批发商和零售商而言的，包括那些购买、使用、保存和处理商品或服务的个人或最终产品的使用者。"根据《牛津法律大词典》和英国《消费信用法》的界定，消费者是指"那些购买、取得、使用、处理各类物品或接受服务的个体"。1978 年，国际标准化组织消费者政策委员会在日内瓦召开的第一届年会上，将"消费者"定义为"为个人目的购买或使用商品和服务的个体成员"。我国虽然没有将"消费者"作为一个法律概念予以明确，但根据《中华人民共和国消费者权益保护法》第 2 条中将"为生活消费需要购买、使用商品或者接受服务"的行为界定为消费者行为，可以将"消费者"概念解释为是指为生活消费需要购买、使用商品或者接受服务的公民个人和单位。总体而言，上述消费者定义虽然略有不同，但在消费者与产品或服务之间的联系上，基本都包含了以下几个特点：（1）消费者是产品或服务的直接使用者，因而消费者对于质量的感知具有直接性；（2）消费者是产品或服务

---

① 国家认证认可监督管理委员会认证认可技术研究所：《中国检测机构科学发展战略研究总报告》。

的终端使用者，消费者与质量的联系具有终端性；（3）消费者是基于个人的目的或者消费需求而购买、使用产品或服务的，消费者与质量的联系具有个人目的性。

综合比较上述三大信息评价对象和我国质量信息评价的现状特点，我们的研究选择以消费者作为信息评价对象，主要基于以下理由。

第一，基于我国质量建设的总体布局和宏观需要。从政府质量管理角度而言，有效监管需要充分了解区域总体质量情况，三种质量信息源缺一不可。相对而言，基于消费者信息源的质量监管信息是木桶的短板。正如前面的分析所述，无论是基于产品和服务本身的信息评价，还是基于企业的信息评价，都有了一些成就和投入，尤其是基于产品的质量信息评价，国家所获取的数据比较全面，而基于消费者的质量信息评价则相对滞后的现状。虽然我国有一些质量协会和售后投诉系统、管理系统，但是已有的系统都是被动的，同时也是不全面的，即是基于消费者本身的反应，也不是根据一套很正式的质量信息评价模型和内容进行的信息评价，因此已有的基于消费者的质量信息评价数据很难系统而全面地反映区域宏观质量状况。显然，基于消费者调查的质量信息评价是一个亟待建设的基础性工程。

第二，基于消费者进行质量信息评价符合市场经济就是消费者主权经济的基本规律。所谓"消费者主权"是指消费者在确定商品生产的数量和种类方面起着决定性的作用，生产者提供产品或服务的行为以消费者为主导。消费者主权这个概念最早出现在亚当·斯密的著作《国富论》中，亚当·斯密说："消费是一切生产的唯一的终极目的。"奥地利学派、剑桥学派等都把"消费者主权"当作市场经济中最重要的原则①。完整提出"消费者主权"（Consumer Sovereignty）概念的是经济学家哈特，他在1936年指出："作为一个公民，当消费者以决定或抑制需求的权利而拥有政府首脑都不具备的影响社会的特权时，消费者的地位是至高无上的。在一个市场经济体系中，消费者是自由与权利的源泉，而生产商则处于服从与被约束的地位。"（Persky, 1993）哈耶克在垄断经济的条件下，依然坚持消费者主权论，认为垄断也要坚持消费者主权原则，因为垄断公司依然是市场的组成部分，生产出来的产品依然是商品，只有被消费者接受了才

---

① 卿志琼：《市场机制与"消费者主权"》，《经济论坛》1999 年第 24 期。

能实现利润最大化。哈耶克甚至认为，政府干预都不能违反"消费者主权"的原则，国家对社会经济活动进行干预也要按照消费者的意愿。① 强调市场经济的消费者主权特点，意在强调应当重视消费者在经济关系中的重要地位。消费是生产的根本目的，生产只是手段、方式而已，必须通过消费来实现生产的目的。消费者可以根据个人的喜好选择购买商品，采用"用脚投票"的方式向生产者传递需求信息。因此，消费者在经济关系中处于引导性地位，而生产商或销售商则处于从属性地位，需要服务于消费者的需求。基于市场经济是消费者主权经济这一规律性特征，质量信息评价也应当基于消费者来进行，才能够从根本上准确把握区域质量的客观真实的状况。

15

第三，相较于产品和生产商或服务商，基于消费者的质量信息评价在反映质量现象的内在规律方面具有更高的准确性。从基本理论来说，质量就是一组固有特性满足需求的能力。质量评价包含两方面信息，一方面是"固有特性"的评价信息，另一方面是包含"满足需求"的评价信息。满足需求信息主要来源于消费者的感知质量。因而，"任何质量的生产和服务，说到底都是基于人的需求而存在。没有对质量的需求，也就是没有消费者的存在，质量的供应既缺乏起点，也缺乏最终的目标……宏观质量管理的最基本目标，就是满足人的需要，促进区域内总体质量的长期可持续发展，实现人的满意"。② 换言之，对质量的评价既包括"固有质量"层面，也包括"感知质量"层面。无论是何种层面，都是基于消费者而言。就"固有质量"层面而言，如果仅仅是生产者得益于固有特性的标准，而消费者很不满意，其本身就没有基于消费者。而连固有性质都要基于消费者，"感知质量"更应是完全基于消费者。既然质量的需求在于消费者，目的是为了满足消费者的主观需求。那么，消费者理应成为质量最合适的评判者，质量的固有特性实际上也只有经过消费者使用，才能对这一固有特性得出最科学的结论，这是企业和产品本身所无法企及的。因此，消费者从自身需求出发所发布的质量信息也具有更强的准确性。

第四，相较于产品和生产商或服务商，基于消费者的质量信息评价在

---

① 吴红良：《消费制度变迁：中国消费者主权意识的历史演进（1950—2010）》，广西师范大学出版社 2004 年版。

② 程虹：《宏观质量管理的基本理论研究——一种基于质量安全的分析视角》，载《武汉大学学报》（哲学社会科学版）2010 年第 1 期。

反映质量现象的内在规律方面具有更强的真实性。在质量关系中，企业是质量的生产者，而消费者是质量的直接使用者，反映了终端使用的质量信息。正所谓"有调查才有发言权""实践出真知"，消费者作为使用者的主体地位决定了他们往往能够获得有关质量最真实的体会和感知。同时，在市场经济中，企业进行生产的最终目标都是为了追求利润最大化，出于维护自身经济利益的考虑，往往会隐瞒真实的质量信息。因此，相对于产品和生产商或服务商而言，面向消费者收集的质量信息自然具有更强的真实性。

第五，相较于产品和生产商或服务商，基于消费者的质量信息评价在反映质量现象的内在规律方面具有更低的成本。质量信息评价实际是基于信息评价数据和信息的分析。对质量信息评价进行成本效益分析，可以发现如果选择消费者作为信息评价对象具有更加经济的特点。从政府质量管理角度而言，相比抽样检测来获得企业质量监管信息，利用互联网和电话投诉等信息手段，获得消费者质量信息的成本更低。一方面，消费者作为终端质量信息的提供者，面向消费者进行信息评价具有直观性和直接性的特点，往往无须经过对检验、检测等技术手段的投入，这大大降低了质量信息评价的成本投入。另一方面，基于消费者主权理论，消费者是终极的决定者，生产只是手段，消费才是经济活动的目的，生产者必须敏锐地反映消费需求的变化。消费者的偏好和选择决定着经济系统的方向，也起着资源配置的作用。更进一步讲，在市场经济中资源配置的最终力量来源于消费者①。因此，消费者具有更强的动机，能够更加积极地提供质量信息，不用消耗太大的成本去激励其输出质量信息。

第六，基于消费者的质量数据更能够一定程度上解决质量信息不对称的问题。质量安全问题产生的一个重要源泉就是质量信息的不对称性问题，即消费者、生产者和政府对于质量信息的掌握不对称，其重要表现之一是政府与生产商之间的质量信息不对称，从而导致了质量安全问题。要解决质量安全问题，作为监管者的政府首先要尽可能获得更可靠的和真实的质量信息，基于消费者的质量安全信息获取能够减少政府与生产者之间的质量信息的不对称性。质量信息的获取源的选择直接决定了政府获取质量信息的有效性。如果选择企业提供各种数据，基于企业自身的利益，会

---

① 孙明贵、王滨：《消费者主权的经济含义与实现途径》，《经济问题探索》2008年第2期。

进行自我保护，没有那么强的动机提供。而如果完全由产品提供质量数据，由于技术本身的不确定性和事物本身的多元化，现有的科学研究不可能对一个事物的每一个风险都得到全部的把握。研究表明，通过有效地沟通是降低质量信息不对称的一个有效方式。在参与式的质量信息评价调查中，通过面向消费者进行访谈式问卷调查方式，能够实现与消费者的有效沟通，有效降低质量信息评价的信息不对称，从而为政府进行质量监管以及质量决策作出贡献。

17

第二节　相关文献回顾

一　质量的含义

做一项科学研究，首先要明确研究对象的范畴。正如质量管理大量师朱兰所说，无法给质量一个确切的定义，不同的人在不同的时间和不同的环境中对质量范畴的界定是不一样的。进行"质量安全评价与网络预警"的研究，我们首先需要厘清质量的准确含义。

质量定义的演进大体经历了三个阶段。第一阶段为符合性质量阶段，依据标准对于对象作出合格与否的判断。正如克劳士比所说"我们如果想要管理质量，就必须将它定义为'符合要求'"①。产品或服务的质量，是指它们可以测定或已测定的、符合规格标准的特点。第二阶段为适用性质量阶段，就是顾客的要求被满足的程度。这一定义，最早由朱兰明确地提出"产品在使用时能成功地满足顾客要求的程度"②。第三阶段为满意性质量阶段，即从满意的角度评价质量。戴明对此概括为"质量必须用顾客满意度界定，质量是多维度的，不能用单一的特点来界定产品或服务的质量"③。

从以上三个阶段的质量定义的回溯，可以看出，质量的定义一般均侧重于两个不同的角度：一个是侧重于某个产品的固有性能符合某种固有的

---

① ［美］克劳士比：《质量免费——确定质量的艺术》，中国人民大学出版社2006年版，第9页。

② ［美］约瑟夫·M. 朱兰：《朱兰质量手册》（第五版），中国人民大学出版社2003年版，第8页。

③ Deming W. . *Out of the Crises. Massachusetts Institute of Technology Center of Advanced Engineer Study*，1982，p. 15.

标准，这些标准一般都可以用数字来进行计量。"通过数学规格说明和要求，人们就能测量某种产品或服务的特点，以确保高质量。"① 一个侧重于产品满足客户预期的能力，也就是产品质量的评价标准来自于顾客的满意。"质量是由顾客断定，不是由工程师、经销部门或一般管理部门断定的。"② 这两个角度分别是客体和主体，前者更强调质量是产品这一客体固有的符合标准的性能，后者更强调质量是顾客这一主体需求被满足的程度。质量是主体与客体的统一。

权威的质量管理体系标准 ISO 9000 对于质量的定义也包含了质量两个方面的含义。ISO 9000（1986 年版）对"质量"术语的定义是："产品或服务满足规定或暗含需要的特征和特性的总和。"而 ISO 9000（1994 年版）定义是："反映实体满足规定和暗含需要的能力的特性的总和。"ISO 9000（2000 年版）的定义则是："产品、体系或过程的一组固有特性满足顾客和其他相关方要求的能力。"从 ISO 9000 标准对"质量"定义的变迁可以看出，质量"固有特性"的客体与"满足需要"的主体之间的统一更加明确与突出了。

同时，国内研究学者也逐渐接受并主张从主体与客体两个角度来认识质量。刘源张院士早在 1994 年就指出，产品与服务质量是创造的提供产品和与此有关的整体工作的质量的结果，随后在 2004 年他又提出，要从生产者同时也要从消费者角度，从符合性、适用性和价值性来认识和研究质量。刘源张强调质量的本质问题是变动性，其变动的原因主要来自于生产者、消费者等多个方面，要把质量与可持续发展联系，从更多的评判元和更大的社会、自然环境系统中认识质量。程虹（2009）在其专著《宏观质量管理》一书中论述道："无论是客体本位的质量定义，还是主体本位的质量定义，都反映了质量这一现象某种本质性特征。质量的确是一个对象本身所固有的某种性能，否则对质量的评价就没有科学的依据。另外，质量又确实不等于对象的固有性能，即使对同一产品的同一性能，不同的使用主体甚至在质量上会作出完全相反的评价。因而，一个准确的质量定义，必须覆盖客体和主体这两个角度，只有客体和主体相对一致，才

---

① ［美］克劳士比：《质量免费——确定质量的艺术》，中国人民大学出版社 2006 年版，第 10 页。

② Armand V：Feigenbaum. *Total Quality Control*. New York：McGraw - Hill，1951，p. 8.

能准确反映质量的本质。"① 因此，《质量管理体系基础与术语》（ISO 9000：2000）国际标准对质量的定义受到广泛认可，即"一组固有特性满足要求的程度"。这个定义，反映了客体和主体的一致性："一组固有特性"表达的就是客体可以被标准衡量的存在；"满足要求的程度"表达的就是主体对客体实际存在的满意程度，这是一个相对比较完整、更能准确揭示质量本质的定义。

程虹（2009）还特别指出，虽然质量定义是主体和客体的统一，但是随着质量定义的演变，主体所占的分量越来越重，对质量的评价越来越侧向于主体的满意。这一变化趋势意味着质量的范畴，已经从相对比较容易计量的客体性能，转向相对较难评价的主体满意度。正是这一变化，极大地拓展了质量科学的空间，意味着质量在某种程度上等于主体的满意。他还认为，质量研究对象的外延也因质量定义的演化而得到了扩展。他指出，质量科学研究的对象，从传统的企业产品质量领域，向其他组织的服务、工程，乃至于生态领域拓展。这些领域，不仅存在着客体的固有性能，更有主体的满意程度，自然也就被质量科学纳入研究范畴。

二　关于质量信息源的研究

质量信息的获取是进行质量安全评价与预警研究的基本前提，没有有效的质量信息来源，评价与预警就无从谈起。质量信息的来源即与产生质量信息的主体息息相关，也与信息获取的渠道有关。总的来说，质量信息主体有三个：产品、企业和消费者。

（一）来自产品的质量信息

产品是质量的最终载体，最能直接反映质量在固有属性上达到的程度，而通过产品来反映出质量水平的最有效手段就是检验检测。从研究文献来看，从产品源获取质量信息的研究问题主要集中在以下三个方面。

1. 从产品检测反映出的产品质量信息，不是整体产品的信息，而只是抽样出来的结果。鲁文瑛（2001）指出，许多企业的产品检验不适合全面检查，特别是对一些属于破坏性的检验，因而抽样检验是产品质量检验的重要方法；李道忠（2004）指出，抽样检验是以数理统计为基础的科学的产品质量检验方法，能科学地、可靠地反映整批产品的质量。但

---

① 程虹：《宏观质量管理》，湖北科学出版社 2009 年版。

是，一些企业没有掌握抽样检验的科学方法，导致抽样检验的应用不仅起不到应有的作用，而且会造成误判或漏判，给企业造成严重的经济损失；李军虹（2010）指出，抽样标准、抽样方法的选用很大程度上决定着整个检验工作的成败；于杰（2011）认为，科学的使用抽样检验标准需要抽样检验人员以抽样检验标准为基础，依据相关标准进行检验工作，以此保障检验工作的公正性。

2. 通过产品检测反映的质量信息，文献的研究集中在一些特定产品上。第一，科技含量较高的电子类产品，如熊俊华（2010）介绍了美国电子产品质量检验检测系统；韩英波（2011）对如何提高电子产品质量检验结果准确度方面进行了研究。第二，物理化学特性突出的产品，如熊东红（2005）对土壤质量评价进行了研究，指出土壤质量是土壤的许多物理、化学和生物学性质，以及形成这些性质的一些重要过程的综合体现；谭沛（2007）对松香及其改性产品的质量检验方法进行了综述研究；董芳（2007）对高速钢产品质量检验进行了系统研究。第三，食品、药品等安全性要求高的产品，如刘淼（2012）探讨了运用智能人工味觉分析方法在食品质量检验中的应用；丁苏苏（2013）对9家药品生产商生产的氨咖黄敏胶囊的质量进行了检验与评价；顾红烽（2012）建立了蚕丝被产品的质量评价体系等。

3. 通过产品检测来获取质量信息的主要是政府管理部门与相关企业单位。陈文辉（2009）以东莞出口玩具为例，论述了产品检测技术在检验检疫机构出口产品质量检验监管中的作用；邵彦辉（2011）就指出，产品质量检验是政府质监部门进行质量技术监督的基础手段；王玉鹏（2012）也指出，质量检验是企业生产过程中必要的和正常的工序，企业的生产活动是一个上下工序紧密联系的复杂过程，生产过程的各个环节和各道工序都必须进行质量检验。在检验检测机构还没有广泛成为社会公共资源的现实情况下，消费者完全没有可能直接获取通过产品检测而得到的质量信息。因此，从产品检测而来的质量信息仅仅掌握在专业性较强的政府部门与相关企业内部。

从文献综述的分析来看，如果政府一味地将质量信息源的获取重点放在对产品的检测上，而面对技术和数量都远远高于监管部门检测能力的产品，其所获得的信息将十分有限，而且由于信息不对称的存在，人们不可能对产品的质量安全隐患做到完全的事前把握和控制。因此，从单一的产品来源根本就不可能获得有价值的评价和预警信息。

（二）来自企业的质量信息

企业作为质量的核心主体，直接关乎最终的质量水平。质量管理大师朱兰就指出，产品质量固然与企业生产工艺与技术流程有关，但80%以上的质量问题却是由于企业在经营管理过程中的失误与不当而造成的。来自企业的质量信息：一方面包括企业生产制造技术"硬实力"对质量的反映；另一方面也包括企业经营管理"软实力"对质量的反映。

1. 来自企业技术"硬实力"的质量信息。通常可以认为一个企业生产技术越先进，工艺流程越规范，其生产出的产品的质量将越好。严春香（2002）、尹爱田（2005）从反映医院工作准确度与规范化的角度，构建了门诊与出院诊断符合率、入院与出院诊断符合率、治愈率、好转率、病死率等指标来评价医院医疗质量；朱正威（2004）探讨了电子政务产品的质量评估问题，指出电子政府产品的质量评价应该包括内部性指标，需要对部门实施电子政务过程中的工作人员、基础设施、操作流程等方面进行考核与评价；安晓春（2011）从企业生产的角度对化工产品质量评价进行了研究，通过在传统抽检合格率指标的基础上，引入新的质量评价指标，包括生产过程能力指数、生产过程绩效指数、机会不合格率以及特性信噪比等，为企业的质量改进提供了依据；姚恒（2013）对施工企业的满意度评价中引入了施工技术感知这一因素，虽然评价过程是由施工企业人员对施工设备的先进性、新技术、新工艺、新材料的认可度的主观评价，但是反映的仍是施工企业的"硬实力"。因此，来自企业生产制造"硬实力"的质量信息，是对企业内部生产的技术性评价，硬件条件高低将直接关系生产产品的质量好坏。

2. 来自企业管理"软实力"的质量信息。通常也可以认为一个企业管理水平越高，企业生产出的产品或提供的服务的质量将越好。通过企业管理"软实力"来评判企业产品或服务质量的研究文献很多，如汪文雄等（2007）将业主方的投资控制、质量控制、进度控制与安全控制等因素纳入大型建设工程项目满意度的评价内容之中，将工程项目管理中的管理水平列入考核目标；同样，姚恒等（2013）引入了进度控制管理感知、人力资源管理感知、安全管理感知等与施工企业管理工作息息相关的指标因素来评价施工企业的顾客满意度；王云（2013）对影响大型连锁超市供应商满意度评价因素进行了分析，确立了商品销售、合作及履约、现场

21

管理及营销方式等指标，通过对大型连锁超市内部管理人员进行问卷调查，构建了一般性的评价指标体系；杜婧（2008）从文化的角度对制造业企业产品质量评价进行了研究，他指出，传统的设备、技术、材料、工艺等方面的评价结果并不能代表制造业产品综合质量的结果，而企业的质量文化是否先进，质量文化建设是否到位，也关系到综合质量的结果。根据质量管理大师朱兰的观点，通过改善企业管理将更能推进企业产品质量的提升。这点结论与课题组调研统计分析的结果相似，决定医院医疗质量的不再是医疗设备有多先进、医疗技术有多完善，而是医生的态度与医院的服务，刘芸（2013）的研究也验证了这一点。进行科学的组织优化与系统的质量管理，是提升企业质量的首选之路。

对于政府质量监管而言，由于信息不对称，企业没有积极性主动提供自己的负面质量信息，只会提供正面质量信息。即使提供负面质量信息也是基于法律和标准的信息，存在滞后性和模糊性。预警信息一般是基于负面质量信息来实现的，就像三鹿奶粉质量问题，政府依靠企业质量信息预警不现实。因此，基于企业质量信息的预警目的是很难达到的。来自企业的质量信息，不论是企业生产环节中"硬实力"所反映的质量信息还是管理过程中"软实力"所反映的质量信息，均产生于企业内部。企业将运用这些质量信息来改进自身的生产流程与管理水平，企业将反映自身的质量能力的私有信息公之于众。相反，企业只会尽量隐藏这些信息，而不被消费者或竞争企业发现，以赢得更多的利润；或者企业会将反映自身质量能力的这些私有信息包装和美化，以此来吸引更多的消费者以赢得竞争优势，获取利润。总而言之，企业作为理性的经济性组织，其存在的根本目的，就决定了从企业的角度来获取质量进行质量评价与预警是行不通的。

（三）来自消费者的质量信息

消费者是所有质量的最终感受者。从第一部分关于质量定义的回顾中我们就发现，虽然质量定义是主体和客体的统一，但是随着质量定义的演变，主体所占的分量越来越重，对质量的评价越来越侧向于消费者的满意度。因此，通过消费者的满足程度来评价质量，将成为质量信息的主要来源。通过对文献的研究发展，来自消费者的质量信息主要通过三种手段：一是通过设计问卷调查获取，包括实地问卷发放、网络问卷、电话采访、邮件询问等方式；二是通过大型的电子商务平台消费者留言获取，包括淘宝网、京东商城、当当网等；三是运用新兴的网络信息技术，在网络公共信息平台，如新闻报道、论坛、博客、微博等，主动获取消费者对质量的信息反馈。

1. 问卷调查。通过文献研究发现，问卷调查是学者们从消费者那里获取信息最为普遍的途径。唐琼（2006）运用 LibQUAL + TM 图书馆服务质量评价模型对广东省 3 所高校图书馆进行了问卷调查，在统计调查数据的基础上，对 3 所高校图书馆服务质量的状况进行了评价分析。周欢怀（2008）在对网购服务质量进行问卷调查的基础上，应用卡诺模型，对数据处理结果进行分析，识别电子商务中的三种质量因素，分析了在当前电子商务环境下服务质量存在的问题。康大庆（2003）通过李克特量表和简答表相结合的问卷，在小范围内组织顾客代表、资深员工和专家对某品牌摩托车进行了满意度调查与计算分析。祝爱民（2013）针对某服务型制造企业，通过发放调查问卷调查顾客对企业的满意程度，研究了在服务型制造模式下顾客满意度评价的问题。孙建军（2013）对公立医院托管模式下患者满意度评价进行了研究，采用随机抽样的方法对某医院患者进行问卷调查的方式进行，结论显示影响满意度的主要因素为医疗费用、医院设施及部分科室服务质量。通过对以上的文献研究发现，问卷调查主要针对的是消费者满意度的调查，所涉及的主要是服务行业的服务质量的研究。而事实上，对于产品质量、工程质量以及环境的评价也能通过消费者的问卷调查得以展现。课题组 2012 年暑期所进行的质量观测问卷就是面向大众消费者，调查内容涉及产品、服务、工程与环境质量。

2. 电子商务平台。电子购物已是当下潮流，电子商务平台上反映的顾客信息数以亿计。目前国内最大的电子商务平台是淘宝网，2013 年 11 月 11 日，淘宝网上一天的销售额突破 350 亿元，这是任何一家实体商城所无法企及的。通过电子商务平台消费者的产品评价信息来进行产品质量评价，毫无疑问将具有独特的数据优势。查金祥（2006）建立了一个购物网站服务质量、顾客期望与网络顾客满意度之间关系的结构模型，并通过对网站用户的实际统计与分析，研究了影响网络购物顾客满意度的影响因素。周耀烈（2009）通过对淘宝网社区用户评价信息进行统计分析，研究了 C2C 电子商店的服务质量和顾客忠诚度之间的关系。禹银艳（2009）以国内某家大型国际电子商务公司为例，研究 B2C 电子商务顾客满意度的测评指标体系与方法。同样，左文明（2010）在提出了在电子商务平台构建在线服务质量评价系统，并详述了 SITEQUAL 量表工具进行实际评价的步骤。刘东胜（2011）以淘宝网为例，通过对网店信用评价系统进行实证研究，分析了影响网上购物顾客满意度的主要因素。

3. 公共信息平台。对公共信息平台上广大民众信息的研究，目前主要集中在网络舆情监测，主要包括四个方面的研究。首先是关于公共危机性事件的预期与处理的研究。如王宏伟（2008）研究了特大自然灾害的舆情监控问题；赵子剑（2010）研究了 Web 2.0 时代大中型企业网络舆情监测机制，根据网络危机的新特点，构建新的舆情监测管理机制以正确方法防止危机产生；马晓薇（2013）以腾讯微博和百度新闻搜索的目标信息为研究对象，对微博与传统网络媒体对一起人禽流感疫情舆情监测特点进行了分析。其次是关于突发性群体事件，特别是高校校园网络舆情控制的研究。如兰月新（2013）以网络信息量为研究对象，构建了突发事件网络舆情信息传播规律模型，为网络舆情预警提供思路；张合斌（2009）对高校校园网络社区舆情监控与引导进行了研究；张澎涛（2012）通过对高校突发事件不同阶段网络舆情特点的分析，提取其共性特征并作为网络舆情监控预警指标体系，从而构建出一套适合高校舆情信息监控预警机制，实现高校舆情信息工作监控预警机制建设的目的。再次是关于政府进行舆情监控的研究。如王进（2012）研究了基于政务需求的互联网舆情监测机制；范明珠（2012）对电子化政府背景下网络舆情监控工作机制创新进行了研究；辛红（2010）在分析我国政府网络舆情监控模式基础上构建了我国互联网舆情监控的系统模型；张秋霞（2011）对政府网络舆情的管理现状进行了分析，结合其他城市网络舆情监管的先进经验，从政府角度对构建舆情监控预警体系进行了深入研究。最后是关于产品质量，特别是农产品质量的舆情监测研究。如朱云龙（2013）探讨了我国食品安全网络舆情监测技术体系；刘文（2012）从食品安全网络舆情的概念出发，比较研究欧洲食品安全局和美国 FDA 开展食品安全风险交流的现状，在分析总结食品安全网络舆情特点的基础上，结合我国食品安全风险信息的管理现状与现实基础，提出了我国食品安全网络舆情监测与干预的工作流程、技术体系以及干预措施等方面的建议；周益添（2012）指出要加强舆情监测，科学处理产品质量安全突发事件；李祥洲（2013）介绍了农产品质量安全网络舆情监测方法，并首次对我国农产品质量安全网络舆情的热点及规律性发展进行了分析研究，随后李祥洲

（2013）对农产品质量安全网络舆情信息源进行了分析，并采用网络引擎搜索和人工浏览监控等方法，首次对我国农产品质量安全网络舆情信息源进行了实证监测研究；郭林宇（2013）对我国农产品质量安全网络舆情监控体制机制进行了研究，提出我国应在健全监测制度、完善引导机制、强化队伍建设、加强科学研究、加大资金保障等方面采取针对性的措施。公共信息平台所蕴含的信息量是巨大而繁多的，所反映的质量信息绝不仅限于农产品，其他产品、服务、工程以及环境的质量信息也都会有所体现。因此，将网络公共信息平台作为质量安全评价与预警的质量信息来源，进行深入研究是比较合理也是十分必要的。

25

　　通过对来自产品、企业与消费者三方面的质量信息进行文献研究，比较三者之间特点与优势，可以总结得出：进行质量安全评价与预警的质量信息来源，应该主要利用来自消费者，特别是网络公共信息平台上消费者自发发布的质量信息。

三　关于质量评价理论与方法的研究

　　20世纪30年代以前，评价理论或方法还没有形成系统的理论体系，只是开始研究一些基本的评价方法，随后的经济危机使得评价的研究，越来越引起人们的重视。在20世纪70年代以后，评价理论和方法，开始在质量领域得到高度的重视，特别是建立了相应的评价工具，尤其是在产品质量领域显得特别突出。自此，质量评价理论方法进入了·个快速发展时期，评价方法不断创立，评价模型不断翻新。

　　（一）质量评价内容的转变

　　质量评价内容的转变印证了质量定义的演进表明。对质量的评价，一般都是从两个维度来进行。首先，质量应是观察事物的固有性能，通过检验与标准的符合性程度加以评价。其次，质量应是观测事物满足客户预期的能力，也就是通过顾客的满意程度来评价质量的状态。这两个维度的分类，分别是从事物客体和使用者主体来进行观测，前者更强调事物这一客体固有的符合标准的性能，后者更强调使用主体需要被满足的程度。

　　1. 以质量固有性能为主体内容的评价。我国在质量评价方面的研究，主要起步于20世纪80年代中期，所面临的比较严峻的产品质量问题，提出了质量合格率、新产品产值率等几个关键的质量评价指标，并在90年代，建立质量监督抽查制度，形成了以质量监督抽查合格率为主要质量评价的指标。孙奉媛（1992）提出，产品质量评价的主要目的：在营销调研阶段，确定产品是否符合当今和未来的要求；在研制阶段，提高技术水平和竞争能力；在生产阶段，考虑生产创新的水平；在销售和使用阶段，根据市场不断变化的行情、必要的技术服务和维修来确定产品质量的技术水平。对质量评价的研究内容，则随着对质量内涵的研究的发展而变化，郭洪仙（1993）认为，商品质量是衡量商品使用价值大小的各种属性的综合，由商品的自然、技术、经济、社会属性决定。因此，在评价商品质量时，应从技术、经济、社会等多方面来考察，改变过去单从技术方面考察商品质量的观念。商品质量是一个动态的、发展的、变化的、相对的概念，对质量的评价受时间、地点、使用条件、使用对象、用途和社会环境及市场竞争等因素的影响。

2. 以质量满足需求为主体内容的评价。进入 21 世纪后，随着国民经济的快速发展和科学技术的不断进步，尤其是随着质量安全事件的频繁爆发，为满足政府和社会公众了解宏观质量状况的需要，对质量评价的研究，也由对微观产品品质的评价，更多转向对总体质量状况的评价，包括区域总体质量评价、行业质量评价等多个方面。随着顾客满意度相关理论从国外的引进，国内越来越多的学者，把这一指标引入对我国各个领域的质量评价，形成了一波研究的热潮，但大部分文献都是来自于对国外研究的介绍，其中有部分文献，也探讨了对我国不同领域，进行顾客满意度评价的指标和方法。这一时期，研究的观点认为，要从顾客的角度出发，探讨评价商品质量的方法，按消费者与商品的接触与否，分成直接评价方法和间接评价方法两类。直接评价方法，即消费者直接接触商品并亲身感受商品特点的评价方法，主要有消费经验评价方法、试用效果评价方法、外观综合评价方法；间接评价方法，即消费者没有接触商品的评价方法，主要有消费口碑评价方法、信息资料评价方法、价格倾向评价方法。李卫忠（2006）从商品学的视角指出，现代商品质量观已从仅考虑商品的内在质量和个体性质量，发展到越来越注重商品的外观质量、社会质量、经济质量和市场质量的综合质量观。通过对商品质量含义的分析，按照目的性原则、系统性原则和适当性原则，设计并构建了商品质量综合评价指标体系，采用模糊综合评价和层次分析的方法，对商品综合质量进行定量化分析，使商品质量更具有客观性与可比性。上海质量管理科学研究院"质量竞争力课题组"，在其研究成果所形成的《质量竞争力》（2006）专著中，通过对质量管理理论和竞争力理论演变历程的分析，提出并建立了质量竞争力的概念及其理论体系，从质量经济性、涌现性和科学发展观等不同视角，研究了质量形成竞争力的机理，剖析了构成质量竞争力的核心要素。通过引入神经网络、复合线性矩阵、卓越绩效评价准则、主成分分析与层次分析法等，形成了质量竞争力指数的生成方法，从基础、过程、结果三个层次，阐述了培育和提升质量竞争力水平的途径和方法。作为中央基本科研业务费支持项目"宏观质量指数及其评价研究"（55096S－1831）和质检公益性行业科研专项项目"消费品安全检测方法现状分析与对策研究"（200910088）的转化成果，中国标准化研究院的王立志、李钊、田武等（2010）认为，消费者整体的消费信心，取决于产品的总体安全水平评价，产品安全事故的发生，会导致财产损失和顾客不满，所以，产品的安全性评价，可以从经济损失和消费者抱怨两个方面进行分析。

（二）质量评价方法的更新

最初的质量评价着重于对产品或服务固有属性的评价，所构建的评价指标与选取的质量评价信息数量较少，采取传统小数据处理方法即可完成。随着人们对质量满足需求程度的日益关注，以及互联网络的蓬勃发展，质量信息数据不断增加，出现了大数据时代质量评价的新方法。

1. 传统小数据的质量评价方法。这类评价方法主要用于评价对象的固有性能上。宋鸿远（1998）探讨和研究了将模糊数学应用到农机产品的质量评价。郑贵荣（1998）针对服务质量特性具有一定模糊性的特征，在进行服务质量评价时应用了模糊数学理论，提出了一种改进的模糊层次分析法，通过对民航服务质量的综合评价实例表明，该方法效果良好。同样，祝爱民（1999）把熵值法和模糊评价法结合起来，建立了熵值—模糊组合评价模型，在产品质量评价中应用此模型可以得到比较符合实际的结果。王向飞（2005）通过运用层次分析法建立了电信业服务质量评价的层次结构，并提出了分析模型与计算方法，能有效地评选出服务质量好的运营商。王晓鹏（2005）针对多元统计中主成分分析方法在复杂环境系统质量综合评价应用中的局限性，在对传统方法进行一系列改进的基础上，建立了主、客观指标赋权方法优点相结合的环境质量综合评价分层构权 PCA 模型。陈伯扬（2008）将 TOPSIS 法运用到土壤环境评价中去，并进行了实际应用，结果表明，TOPSIS 法结合土壤环境质量标准不仅能确定各评价对象环境质量等级，同时也能进行多个对象评价和不同评价对象间质量的优劣比较，此方法具有较好的合理性与适用性。通过文献研究可以看出，传统小数据的质量处理方法主要包括层次分析法、主成分分析法、TOPSIS法、熵值法等以及它们与模糊数学、灰色理论相结合的一些评价方法。这些方法主要针对质量的固有属性方面的评价，不论是在具体产品、环境质量评价，还是在服务质量的评价，侧重点均主要是针对对象的固有特性展开的。

2. 新兴大数据时代的评价方法。互联网络信息的爆炸式增长，将质量评价引入大数据时代。而对日益累积的海量质量数据，诸多学者提出了新兴的、智能化的质量评价方法。廖锦舜（2006）从综合模糊逻辑推理的结构性知识表达能力和神经网络的自学习能力，提出一种基于模糊神经网络的软件质量评价方法。通过筛选软件质量评价的指标建立评价等级模糊级，利用神经网络的学习能力，结合网络的训练样本，确定评价中的变量参数，充分训练好的网络来对软件质量进行评价。应用表明，该方法克服了由专家确定变量参数的缺点，从而使评价结果具有更高的客观性、科学性。王茜（2007）利用神经网络的信息处理特性，提出了基于自组织特征映射网络聚类的信息产品质量评价的研究思路，并给出了相关模型。李昕（2010）针对综合质量评价中评价结果不能充分反映主、客观因素共同作用的问题，提出了一种基于多元图表示原理与云模型理论相结合的综合质量评价方法。该方法基于多元图表示原理，应用雷达图表示方法的图形面积融合多指标参数，结合云模型理论定性定量转换强大功能，实现了综合质量评价，得到了符合人类思维方式的定性定量综合评价结果。李峰（2010）运用MATLAB 7.0的遗传算法工具箱，实现了环境质量高维数据到二维直观空间的非线性映照，实证证明该方法能更准确地测评空气质量。韩旭明（2011）提出了一种改进的进行大气质量评价的免疫算法。徐红敏（2013）基于支持向量机理论研究了水环境质量的预测与评价问题。

国外在产品质量评价方法上，研究和开发的数学方法较多。根据Daniel L. Stufflebeam、Anthony J. Shinkfield（2007）、王李伟（2008）、P. E. Boon H.（2008）、Oybing P. B.（2005）等人的论述，最早的方法和模型，来自美国在20世纪初创立的系统评估方法中的基于"改良—责任"的评估法。随后不断发展，于20世纪60年代建立了决策导向评价模型，从背景评价、输入评价、过程评价和结果评价四个环节，开展对决策的评价支持。国际食品法典委员会（CAC）创立了食品风险性分析方法，根据这一方法，又相应地有一些具体的评价方法和模型，主要有"剂量—反应"关系的生物学模型（BBDR）、概率暴露评估模型、决策评估法、相对潜力因素评估法（RPF）等。Valerie J. Davidson、Joanne Ryks、Aamir Fazil 等（2006），Boyko Iliev、Malin Lindquist、Linn Robertsson、Peter Wide 等（2006）和 N. Perrot（2006）等，引入的模糊评价法，在质量评价中得到进一步的应用。

（三）质量评价模型的进化

从质量定义"固有属性"与"满足程度"两方面含义来看，质量评价模型除了针对"固有属性"的以传统评价方法（如层次分析法、主成分分析法、TOPSIS 法、熵值法等以及它们与模糊数学、灰色理论相结合等评价方法）为核心评价模型外，更多地研究消费者对质量"满足程度"的感知。国外诸多学者针对消费者对质量"满足程度"构建了相应的服务质量评价模型。

1. 顾客感知质量评价模型。格罗鲁斯（1982）率先将质量的概念引入到了服务领域，并且根据认知心理学的基本理论，提出了顾客感知服务质量模型。他认为，服务质量是一个主观范畴，取决于顾客期望的服务水平和实际感受到的服务水平的对比。他把服务质量分为技术质量和功能质量两类，提出了作为过程的服务和作为结果的服务：前者指顾客如何得到这种服务；后者是顾客实际得到的服务。Lehtinen（1982，1983）先后提出了产出质量和过程质量的概念以及实体质量、相互作用质量和公司质量。Lewis 和 Boom（1983）认为服务质量是一种衡量企业服务水平能否满足顾客期望程度的工具。PZB 服务质量差距模型，也称为服务质量的概念化模型，是于 1985 年由英国剑桥大学的三位教授 Parasuraman、Zeithaml 和 Berry（PZB）提出的。根据模型中的五个差距，PZB 首先提出了五个命题：顾客期望的服务与管理层期望的服务之间的差距，会影响顾客对服务质量的评价；管理层对顾客期望服务的认知与制定的服务质量规范之间的差距，会影响顾客对服务质量的看法；服务质量标准与实际提供的服务之间的差距，会影响顾客对服务质量的看法；实际提供的服务与外部传达的服务质量之间的差距，会影响顾客对服务质量的看法；顾客期望的服务与实际感知的服务之间的差距，会影响顾客对服务质量的看法。他们认为，消费者感知的服务质量依赖于差距5的大小和方向，而差距5又依次依赖于服务的设计、营销及提供所产生的差距种类，每一个差距都会对服务质量产生影响。于是，他们提出差距5是其他四个差距的函数，即命题6：差距5 = f（差距1，差距2，差距3，差距4）。尽管服务的类别不同，但是消费者评价服务质量的标准基本相同，他们将这些标准归属为10个服务质量决定性的关键范畴。根据感知服务质量的决定因素，PZB提出服务的特征只有很少一部分可以探究到，信任的特性很难测量；同时，顾客感知服务质量的高低，依赖于期望服务（ES）和感知服务（PS）之间的差异，因此得出了第七个结论和第八个结论：命题7：消费者评价服务质量时典型地依赖于经验特征。命题8：当 ES > PS 时，感知质量是不满意的，而且会成为完全不能接受的质量；当 ES = PS 时，感知质量是满意的；当 ES < PS 时，感知质量是非常满意的，且会随着 ES 与 PS 差异的增大而成为理想的质量。

2. SERVQUAL 模型。SERVQUAL 是英文"Service Quality"的缩写，由 PZB（1988）在服务质量概念化模型的基础上提出。他们经过大量反复的计算分析，剔除了服务感知模型中有效性较低的属性，最后确定了五大属性22个项目，形成了 SERVQUAL 模型。该模型的五大属性分别是有形性、可靠性、响应性、保证性和移情性。SERVQUAL 的核心思想是以顾客的主观意识为衡量重点，首先度量顾客对企业服务的期望，然后度量顾客对服务的感知，由此计算出两者之间的差异，并将该差异作为判断企业服务质量水平高低的依据。SERVQUAL 模型的提出，极大地解决了服务质量难以定量描述的问题。但是任何一种新理论的产生，都伴随着一定的缺陷，SERVQUAL 也不例外。鉴于此，PZB（1991）对此模型进行了修正。他们选取了电话维修、零售银行和保险业三个行业中的五家公司，并给每家公司发出1800份以上的问卷，问卷有效率为21%，低于1988年的23%，但是超大样本量弥补了有效率低的不足，保证了调查的稳定性和分析的可信度。为了提高信度，PZB 将1988年调查问卷中的所有负面性问项全部修改为正面性问项。PZB（1994）对 SERVQUAL 模型做了进一步的扩展和深化，但是核心思想和基本思路并没有改变。问卷方面，PZB 设计了三套不同的调查表，同时融入了扩大化的期望服务概念理想服务和恰当服务，用来计算理想服务的衡量分数和恰当服务的衡量分数。但是，由于顾客在理解理想服务和恰当服务时容易产生混淆，他们将"恰当服务"修改为"最低服务",同时,理想服务的问项表达方式由原来的"理想服务是一家企业能够而且应当提供的服务"变为了"理想服务是你所渴望的服务",大大地精简了问项的长度,提高了通俗性。随后,PZB 对三套表进行了评价,其中三列问卷的回答容易程度居中,回答自信度最高;在测试回答错误率方面,三列问卷的比例最低。

3. 绩效感知服务质量模型。SERVQUAL 模型提出后,遭到了众多学者的反对,最有代表性的是卡门(1990)、巴巴克斯和布勒(1992)。他们都试图摒弃该模型,采用其他度量标准来衡量感知服务质量,但是却遇到了克罗宁和泰勒的极力反对。他们认为 PZB 的服务质量评价模型只是缺乏实证性研究,并不在于它的理论不合理。于是,克罗宁和泰勒(1992)提出了绩效感知服务质量模型——SERVPERF(Service Performance 的缩写)。他们对服务质量的概念化、度量及服务质量与顾客满意度、购买动机之间的关系问题进行了综合的研究。该模型所采用的调查指标来自于 SERVQUAL 模型,不同的一点就是该模型仅选择了顾客的实际感知服务项目,而没有考虑期望服务水平。克罗宁和泰勒选取了银行、杀虫、干洗和快餐四个服务行业,对 SERVQUAL 模型和 SERVPERF 模型进行了比较研究,结果表明前者在银行业和快餐业有很好的适用性,而后者在四个服务业中都有非常好的适用性。他们认为:当前服务质量的概念和度量是基于一个有缺陷的范式;他们的实证研究和历史文献支持了应该将服务质量看作态度进行测量的观点;改进的 SERVPERF 模型比 SERVQUAL 模型更加有效,它将调查项目减少到了 50%,即从原来的 44 个减少到 22 个用来度量服务质量;对结构模型的分析支持了 SERVPERF 模型的理论优越性。

除了 SERVQUAL 和 SERVPERF 评价方法外,服务质量管理学界还有其他非主流的方法存在。主要有加权绩效评价方法(马吉斯,1975)、非差异法(布朗、丘吉尔、彼得,1993)。其中,加权绩效评价方法强调服务绩效感知对顾客感知服务质量的影响,而期望服务则被忽略。由于顾客对服务高低的评价标准不同,因此,马吉斯认为,可以通过加权的方式对不同的影响因素分配不同的权数,由此来说明不同顾客的特殊偏好。非差异法认为,PZB 的评价方法会导致顾客将以前的服务经历带到期望中,削弱了差异比较法的说服力,由此他们主张评价感知服务质量最好的方法,就是直接度量消费者绩效感知和期望服务之间的差异。

四　关于质量安全预警的研究

预警（Early – Warning）一词源于军事，是指通过人为观察或利用雷达、通信等工具来监视或提前发现敌人的进攻信号，并对这些信号进行分析、判断，以便及早采取行动，赢得时间，争取主动，减少损失，获取胜利（孔繁涛，2006）。简言之，料事之先为预，防患未然即为警。伴随着社会和经济的迅速发展，预警理论在社会政治、经济、管理与环境保护各个领域得到了广泛的应用。

（一）预警理论的研究进展

接下来将着重介绍预警理论在经济、农业、生态等方面的应用现状及研究进展。

1. 经济预警的研究。在经济领域，预警理论的应用与研究主要集中在宏观经济预警方面。宏观经济景气分析方法，是指通过对大量统计指标的分析，筛选出具有代表性的指标，组成经济监测指标体系，在此基础上建立各种指数或模型来描述宏观经济运行状况和预测宏观经济未来走势。经济预警（Economic Early Warning）的理论基础：一是经济发展具有周期性，这种周期波动是客观存在的，经济周期（Business Cycle，亦作商业周期、商业循环或经济循环）是指总体经济活动的扩张和收缩交替反复出现的过程，一个经济波动周期可细化为复苏、扩张、收缩和萧条四个阶段；二是在经济波动过程中，经济运行中的一些问题可以通过一些指标率先反映或暴露出来，利用景气指数进行分析，就是用经济变量之间的时差关系指示景气动向。早期预警系统的建立目的是为了反映商业循环，监测宏观经济波动问题；它是为了满足厂商了解市场波动前景的需要而产生的，又为了满足国家宏观经济管理的需要而发展完善。经济预警系统是为了预防经济运行过程中可能偏离正常轨道或出现危机而建立的报警和实施系统，这个系统一般包括经济预警咨询系统、经济预警决策系统、经济预警执行系统和经济预警监督系统。或者说，经济预警系统是按照系统科学理论和经济学原理，在掌握经济发展历史资料的基础上，运用自然规律和经济规律，以经济发展的正常轨道和科学的预期目标为参照物，全面分析各种影响因素，确定警阈，以便明确警情，查找警源，采取对策，降低警情风险，减少危害程度。经济预警系统具有四大特性：系统性、层次性、动态性和灵敏性。经济预警系统的作用，总体来讲，是加强宏观经济调控，为决策服务；具体来讲，可分为四个方面：一是"报警器"作用，发生警情后，该系统将迅速启动及时报警，为减少损失赢得时间和空间，争取做到防患于未然；二是"调节器"作用，根据警情预报，可以快速查找警源，采取相应对策，及时作出调整，恢复无警状态；三是"安全阀"作用，在没有重大警情出现时，即在相对安全的范围以内，经济运行偶尔的偏差都是正常的；四是"方向盘"作用，根据预警报告，可以把握宏观经济运行的方向，识别判断方向性偏差，并作出及时调节。经济预警系统的建立，一般分为三个基本步骤：首先，确定基准循环，编制景气循环年表；其次，选择超前、同步、滞后指标；最后，通过编制指数来描述经济运行状况并预测宏观经济转折点。

2. 农业预警的研究。农业预警系统是为了预防在农业运行过程中，可能出现的偏离正常轨道的行为或危机而建立的报警、决策、控制系统。农业预警系统是农业决策管理的子系统，是现代农业管理的重要内容。联合国粮农组织根据 1973 年世界粮农组织大会和 1974 年联合国世界粮食会议的要求，于 1975 年 3 月建立了全球粮食和农业信息及预警系统（GIEWS），这也是最早的农业预警系统。该系统根据所收集到的各种信息的分析结果，进行全球农业的预测预报，为世界粮食援助和世界粮农组织各成员国制定农业政策提供依据。农业预警系统是农业宏观调控的重要组成部分，在农业管理中具有重要作用。一是农业预警系统可以使农业宏观管理更加科学化、程序化；二是农业预警系统本身就具有"纠错"机制；三是农业预警系统可以对宏观农业实施动态管理。农业预警系统的功能性，可以促进农业宏观管理方式的转变：由经验管理转变为科学管理，由滞后管理转变为超前管理，由静态管理转变为动态管理。并可以做到在运动中实行动态管理、对农业经济发展过程中出现的问题随时实行微调、保障经济运行不偏离正常轨道。农业预警系统具有系统性、层次性、动态性、灵活性等特点。建立我国农业发展预警系统应该从两个层次入手，一是农业发展动力预警系统；二是农业发展供求预警系统。农业发展动力预警系统是回答农业发展动力强弱的问题，农业发展供求预警系统是回答农产品供求关系的问题。许多学者也着手开展了农业经济的预警研究。

3. 生态预警的研究。随着人口、资源和环境问题的日益突出，世界各国相继开始了生态、环境、资源方面的预警研究。预警思想在这个领域的发展，重点表现在预警原则的提出上。预警原则就是通过风险分析，判

33

断各种不确定性，并采取相关防范措施，实现人类社会和自然界的和谐相处、友好发展。预警原则（Precautionary Principle）又称"预防原则"或"风险防范原则"，它成为维护生态系统健康和生态安全的重要原则，一般认为起源于 20 世纪 70 年代德国立法中的 Vorsorge 法则。Vorsorge 法则主要是指"即使没有科学的证据，只要假使某些人为活动有可能对生命资源产生某些危险或危害的效应，就应该采取适用的技术或措施减缓或消除这些影响"。其基本含义是为了更好地保护人类健康和自然环境，当存在不确定的危害因素时，要在危害效应发生之前就采取预防措施。1975年国际上建立了全球环境监测系统（GEMS），对全球环境质量进行监测、比较、排序、排警等。20 世纪 80 年代后，预警原则应用到国际法领域；1984 年预警原则被引入第一届北海（欧洲）环境保护国际会议，并写入了 1987 年第二届和 1990 年第三届北海（欧洲）环境保护国际会议的《部长宣言》。1992 年，在巴西里约热内卢召开的联合国环境与发展大会，通过了《关于环境与发展的里约宣言》（以下简称《里约宣言》）、《21 世纪议程》等重要文件。《里约宣言》第 15 条明确阐述了预警原则："为了保护环境，各国应根据本国的能力广泛应用预警方法。当存在严重或不可逆危害的威胁时，不得以缺乏充分的科学证据为理由，延迟采取符合成本效益的措施。"预警的构成有三个基本要素：存在有害的威胁即风险；存在科学的不确定性；采用预防性措施。2001 年 5 月 22 日通过并于 2004年 5 月 17 日生效的《关于持久性有机污染物的斯德哥尔摩公约》第 1 条"目标"规定："本公约的目标是，铭记《关于环境与发展的〈里约宣言〉》之原则 15 确立的预防原则，保护人类健康和环境免受持久性有机污染物的危害。"除此之外，许多国际条约如《卡塔赫纳生物安全议定书》（BSP）、《生物多样性公约》（CBD）、《实施卫生与植物卫生措施协定》（SPS 协定）、《贸易技术壁垒协定》（TBT 协定）等都规定了有关风险防范原则。2002 年 11 月，欧盟委员会把预警原则应用到科学实验、科技应用、产品投放市场等领域，将其对环境和社会的影响进行调控监督，必须接受检察；甚至在某些情况下，即"科学证据不足、不能决定或不确定，并且事先的科学评估显示，有充分理由担心它对环境、人类、动物或植物健康将带来潜在的有害影响，无法符合欧盟现行的高保护水准"，这些活动即科学实验、科技应用、产品投放市场等可能被中止。

　　4. 预警的其他研究领域。目前，预警的理论、方法，已由军事领域广泛应用于经济、社会、自然界、政治和科技等各个领域，和人类的生活紧密相关，已经成为我们生活的重要组成部分，融入了城乡居民生活的方方面面，如经济领域中包括宏观经济预警、微观经济预警、金融风险预警、房地产预警、股票预警、产业预警等；社会领域中包括疫病/疾病预警、人口预警、交通预警、留学预警、移民预警等；自然界领域中包括气象预警、灾害预警、污染预警等，还可以进一步细化为大风警报预警、高温预警、降温预警、沙尘暴预警、地质灾害预警等；其他领域如国家安全预警、信息安全预警、计算机病毒预警等。预警的研究和应用正在不断向各个领域延伸、拓展。

（二）质量安全预警体系的研究

1. 国外质量安全预警体系

国外学者在对以食品质量安全为重点的质量评价研究中，主要采用管理学、经济学、心理学、信息学等多学科的视角，从食品安全的风险影响因素、食品安全的信息不对称、食品安全风险的不确定性等多个角度，开展质量安全评价研究。美国在 20 世纪 70 年代前后，主要应用"危害分析和关键控制点"（HACCP）方法，主要在高风险的食品企业中，建立一套风险识别和风险控制预警的方法，确保食品在生产、加工、制造、准备和食用等过程中的安全，在危害识别、评价和控制方面，建立了一套科学、合理的行之有效的系统方法。主要通过识别食品生产过程中，可能发生风险的环节，并采取适当的控制措施，防止危害的发生。通过对加工过程的每一步进行监视和控制，从而降低危害发生的概率。20 世纪 90 年代中后期，在美国政府的《食品安全从农场到餐桌：国家食品安全计划》（Food Safety from Farm to Table：a National Food Safety Initiative）的报告中，建议应将所有具有食品安全风险分析职能的联邦机构组织起来，建立一个跨机构的风险评估联盟（Interagency Risk Assessment Consortium）。Karl Ropkins（2003）等对 HACCP 中危险分析方法作了简要说明。Arnulfo Z. Seniros（2005）等对啤酒企业的食品安全控制系统进行了阐释，针对 HACCP 上的危害关键点进行了分析。Weaver（2003）则对食品供给链中的契约协作进行了理论和实证分析。Bruce Chassy 等对转基因食品被引入人类食物和动物的饲料后，面临的问题和可能带来的食品安全问题，进行了阐释和分析。

国外对产品质量安全的重视较早，所以监控体系与预警系统的研究比较成熟而且很多都已经付诸使用。欧盟鉴于严峻的食品安全形势，2002年发布了178/2002号食品安全基本法，并据此建立了欧盟食品和饲料快速预警系统（RASFF）。它的法律依据是欧盟《通用产品安全指令》，特别是其中的第8条规定。其主要规定包括了通报制度以及通报分级、通报类型、采取的措施、后续反应行动、新闻发布制度和公司召回制度等。欧盟通过食品和饲料快速预警系统，能够使欧盟各成员国的食品安全主管机构有效地交换有关信息，并及时采取措施确保食品安全。快速预警系统由成员国的食品安全管理部门、欧洲食品安全局和欧盟委员会组成，该网络时刻监测着涉及人类健康、动物健康和环境的直接或间接的风险。来自成员国的食品和饲料安全信息，首先由欧盟委员会评估，评估的结果将通过新闻、信息沟通和警示三种方式向网络成员进行传递；其次再由成员国进行统计和报告，最终形成反馈。欧盟的快速预警通报主要包含两类：一、预警通报，该通报是在对某成员国的市场发现了质量安全风险后对其他成员国的警告；二、信息通报，该通报是对欧盟成员国外的产品质量安全风险进行预警，防止该类产品的进入和危害的发生。

世界卫生组织（WHO）于2004年成立了国际食品安全网络（INFOSAN），该网络中的成员国要求只能设一个代表本国不同监管部门的联络点，而且必须具备一个INFOSAN紧急事件联络点。该网络的目的是为了改善和提高世界各国在国际层面的食品安全间的合作。该网络为各国食品安全主管部门间进行日常食品安全信息交换起到了重要作用，尤其是为食品安全紧急事件发生时迅速获取相关信息提供了很好的渠道。

美国的食品安全计划则以风险分析为基础来保障产品质量安全，安全风险分析主要包括风险评估、风险管理和风险沟通三个方面。首先，风险评估主要由危害识别、危害的特性描述和危害显性评估三个环节构成，危害识别主要以美国现行的法律和经验对食品的潜在危害进行判断，危害的特性描述是以此为基础，通过数据对潜在危害的显现水平及模式进行说明，危害显性评估则是对食品安全事故可能发生的概率和损失的程度加以分析，为食品安全风险管理打好基础。其次，美国食品安全风险管理主要通过对整个食品供应链全过程的监督和分析来完成，主要包含生产标准体系、质量认证体系、食品安全检测系统、风险分析与关键控制点制度和食品召回制度。最后，美国的食品质量安全风险沟通主要通过有效的信息发布和信息传播使公众健康免受不安全食品的危害。

2. 我国质量安全预警体系。目前，我国在食品安全方面面临严峻的挑战，数次重大的食品安全事故让政府和企业的风险防范意识不断增强，相关部门应对食品安全事件的能力逐渐提高，预警研究和预警系统建设也得到相应发展。食品安全预警系统建设中建立专家咨询团队是关键，农业部、卫生部和质检总局等分别组建各自的专家咨询队伍，浙江省组建了重大食品安全事故应急专家库，2005 年北京奥组委和北京市食品安全委员会联合组建了北京奥运食品安全专家委员会，在食品安全预警方面发挥了重要的决策支持作用。国家质检总局组织开发的"快速预警与快速反应系统"（RARSFS）于 2007 年正式推广应用，RARSFS 实施数据动态采集机制，初步实现国家和省级监督数据信息的资源共享，构建质检部门的动态监测和趋势预测网络。卫生部门于 2007 年也开始对信息系统之间的网络平台进行建设，成功发布了蓖麻子、霉甘蔗、河豚等食品安全预警信息，对消费者及时提高自我保护意识，采取预防措施起到了一定的效果。

五　关于质量信息搜集的研究

（一）挖掘技术与智能算法

近年来，数据挖掘引起了人们的极大关注，其主要原因是大量数据的存在，迫切需要将这些数据转换成有用的信息和知识。获取的信息和知识，可以被广泛应用于各种应用领域，如商务管理、生产控制、市场分析、工程设计和科学探索等。Arun Swami 在有关关联规则挖掘算法的研究与实现的文献中，于 1993 年第一次提出了挖掘顾客交易数据库中项集间的关联规则的问题，成为关联规则挖掘领域的经典必读文献。在此文的基础之上，1994 年，该文作者又在 "Fast Algorithms for Mining Association Rules" 中提出了关联规则挖掘的算法，即 Apriori 算法，成为关联规则挖掘的经典算法。以后诸多的研究人员对关联规则的挖掘问题进行了大量的研究。他们的工作包括对 Apriori 算法进行优化，如引入随机采样、并行的思想等，以提高算法挖掘规则的效率，对关联规则的应用进行推广，提出了不产生候选集的 FP - Growth 算法等。有学者提出，随着互联网的快速发展，人们可以得到越来越多的信息，但要从这些大量数据中找到数据之间的模式变得越来越困难，为了找到大数据集合中的模式，人们引入了聚类方法。袁方、孟增辉对聚类技术进行了讨论和分析，给出了两种改进算法：一种是对 K - means 算法的改进，提出了一种新的选取初始聚类中心的方法，提高了聚类准确率；另一种是对 DBSCAN 算法的改进，实现了参数的自动选取。通过对数据和实验结果的分析，改进后算法更符合数据分布，拓展了原有算法的聚类能力。Tian Zhang（IBM），Raghu Ramakrishnan（University of Wisconsin at Madison），Miron Livny（University of Wisconsin at Madison）的《基于层次聚类的自适应信息过滤学习算法》提出了一种新颖而巧妙的聚类方法，获得了 Sigmod 2006 论文奖（Test of Time Award）。该文首先采用层次聚类的方法，将需要聚类的信息综合存储在一种数据结构 Cluster Feature 中，并且将多个 Cluster Features 组织成一棵类似于 B 树的平衡树。然后针对该平衡树应用别的聚类方法，最终将数据聚集成多个类。敖富江（2008）指出数据流频繁模式的概念和定义，首先提出了数据流频繁模式挖掘算法的通用数据流处理模型，详细总结了数据流频繁模式挖掘算法的三种分类方式："窗口模型""结果集类型"和"结果集精确性"。然后基于这些分类方法提出了数据流频繁模式挖掘算法的设计立方体，该立方体不仅涵盖了现有的数据流频繁模式挖掘算法，还对设计新的算法具有指导意义；基于设计立方体，分析了设计算法时应当采取的有效策略，旨在为设计新算法提供一个有利参考。最后讨论了数据流频繁模式挖掘的进一步研究工作。

（二）实时搜索与网络爬虫

随着网络海量信息源爆炸式增长，通用搜索引擎面临着索引规模、更新速度和个性化需求等多方面的挑战。面对这些挑战，适应特定主题和个性化搜索的主题网络爬虫应运而生。朱良峰（2008）指出通用搜索引擎，在面向所有的 Web 信息检索者时，由于庞大的网络信息规模和高速响应要求，其检索结果的相关性不尽如人意。主题搜索引擎，是为进一步提高相关性而发展起来的新一代搜索引擎。该文的研究对象是主题搜索引擎中的主题爬虫，分析了集中式主题网络爬虫的体系结构，将其分成五个组成部分：数据存储、下载模块、网页预处理、网页分类和链接分析。并阐述了各部分的功能。夏诏杰（2008）指出，网络爬虫系统最大的特点，是将待爬行的 URL 按照主题相关性进行排序，与广度优先（Breadth First）和深度优先（Depth First）等通用网络爬虫相比，主题网络爬虫的爬行策略变为主题相关优先（Topic First）或者最佳优先（Best First）。该文基于分类器（支持向量机、简单贝叶斯和中心向量）主题网络爬虫、基于关键词匹配主题网络爬虫（匹配网页全文、匹配标题文本和匹配锚文本）、基于链接分析（PageRank 和 BackLink）主题网络爬虫的爬行效果比较分析，表明基于支持向量机分类器的主题网络爬虫的抓取效果，优于其他主题网络爬虫和广度优先通用网络爬虫的效果。实验还发现，基于文档对象模型（DOM）的页面分块算法、基于视觉（VIPS）的页面分块算法，能进一步降低页面噪声和提高主题网页的爬行效果。谭龙远（2009）从两个方面分析了 Web 爬虫的技术实现困境：一是通用搜索引擎需要解决的技术问题；二是通用搜索引擎存在的局限性。接着给出了与主题相关的网络爬虫的实现框图。考虑到如何克服高度并发以及对网络带宽的占用问题，提出设计一个 DNS 解析器，以便于有效地利用网络带宽，减少网络传输延时；为了高效地对页面进行抓取，保证在进行并行抓取时，各进程间通信的问题，让各个组件之间高效地工作，在设计中引入了非阻塞套接字技术。提出 URL 的调度技术在网络爬虫系统的设计中起着关键的作用，基于概率模型的度量规则，让网络系统有着更加智能的路由功能，以便于始终可以向着用户设定的主题进行页面获取。在给出了基于概率模型的度量规则后，更进一步地提出了基于最佳优先搜索的隧道技术，用于克服对某个主题在进行抓取多次后，若偏离了原先的主题，可以让其迅速停止工作，从而在 URL 队列中选取下一个 URL，作为下一次的页面抓取出发点。文本分类是主题网络爬虫不可缺少的技术组件，作者提出了一种改进的贝叶斯分类算法，通用的贝叶斯分类器认为，所有词项的重要性都是等概率的，他认为应更加倾向于各标题中的词项。

第三节　基于消费者的质量网络监测基本理论与方法①

一　质量安全网络监测的指标

质量安全，指的是由企业所生产和提供的产品，因为使用性能的缺陷而对消费者产生伤害的状态。无论是国家或地方政府要从宏观上有效治理质量安全风险，还是企业从微观上要控制和改进产品的质量安全风险，其前提都是要对企业这一产品提供者的质量安全状态，有较为全面和前瞻性

---

① 程虹等：《企业质量安全风险有效治理的理论框架》，《管理世界》2012 年第 12 期。

的掌握与评价。

我们研究的问题是：通过来自于互联网上消费者的质量安全信息，构建评价企业质量安全的分类模型，并应用成熟的网络技术方式，实现该模型对海量网上质量安全信息的智能化分类。我们对这一问题研究的价值在于，在互联网背景下，政府和企业基于这一分类模型的方法，可以更为科学地识别和发现企业的质量安全风险，从而为我国的质量安全治理提供一个新的理论框架。

国际标准化组织（International Standardization Organization，ISO，2000）综合性地将质量定义为"一组固有特性满足需求的能力"。按照这一定义，"固有性能"和"满足需要"，就是进行质量评价的基础分类理论。基于这一基础的分类理论，对企业质量安全风险的评价，已形成了一些成熟、通用的评价方法。这些方法也主要是集中于以上的两种分类：一类是以标准和检测为手段的认证评价方法，主要侧重于对产品"固有性能"的评价；另一类是以顾客满意为评价方法，侧重于对产品"满足需要"的评价。

从固有性能的维度进行企业质量安全风险的分类评价，最常用的方法有两种：一是 ISO 9000 质量管理体系；二是卓越绩效评价准则。ISO 9000 质量管理体系，是由 ISO 于 1987 年提出的企业质量管理体系，目前全世界有 161 个国家和地区、超过 75 万家以企业为主的各类组织正在使用这一体系。ISO 9000 质量管理体系（ISO，2008），是从管理职责、资源管理、产品实现，以及测量、分析和改进这四个不同的分类指标，提出的评价企业质量的方法。美国国会通过的《1987 年马尔科姆·波多里奇国家质量提高法〈公众法 100—107〉》，以立法的方式设立国家质量奖，该奖的评价依据就是卓越绩效评价准则。目前，全球已有 60 多个国家与地区，开展了卓越绩效评价准则的应用。在我国，几乎所有设立的政府质量奖，其评奖依据均采用卓越绩效评价准则。卓越绩效评价准则，也就是指从不同的分类指标来分析和观测企业的质量状态，包括领导、战略、顾客与市场、资源、过程管理、测量分析与改进和结果七个分类指标。

从满足需要的维度进行企业质量安全风险的分类评价，有一些学者和国家进行了相应的理论与应用研究。Kotler（1991）将顾客满意定义为，一个人通过对一种产品的可感知效果（或结果），与他或她的期望值相比较后，所形成的愉悦或失望的感觉状态。瑞典顾客满意度"晴雨表"指数（SCSB，1989），将顾客满意度指数分解为顾客期望、感知绩效（即感知价值）、顾客抱怨、顾客忠诚、顾客满意五个指标，强调了质量预期与价格因素对满意感受的影响。美国顾客满意度指数（ACSI，1994），发展了 SCSB，增加了"感知质量"指标，通过定制化、可靠性以及总体评价三个标识变量来度量，将顾客满意度指数拓展为顾客预期、感知质量、感知价值、顾客满意度、顾客抱怨和顾客忠诚六个指标。欧洲顾客满意度指数（ECSI，1999）在 ACSI 的基础上，以"企业形象"指标替换了"顾客抱怨"指标。这些不同的指标评测方法，已在国际上得到广泛应用。

综合以上文献，可以得出一些共同的分类指标。第一，都是面向企业所提供的产品评价的分类，如 ISO 9000 质量管理体系中的"产品实现"分类、卓越绩效评价准则的各类指标，都是围绕"产品"这一结果性指标来展开的，几个主要的顾客满意度测评模型，更是聚焦于"产品"的感知质量评价。因而，"产品性能"是一个共同采用的分类指标。第二，都普遍关注产品提供过程，也就是服务的评价。在所有的文献中，分类指标也都一致性地围绕顾客的满意而展开，从不同的方面测量企业的服务能力和水平。因此，"服务质量"也是一个普遍性的分类指标。第三，ISO 9000 和卓越绩效评价准则，都强调过程管理，如领导、战略、资源、产品实现、测量、分析改进、管理职责等，都是一些过程性的评价。在顾客满意度测评模型中，对所有结果性指标的分类，都是建立在对导致这些结果的运营能力测量的基础上。因而，"运营质量"也是具有一般性的分类指标。

产品性能、服务质量和运营质量，作为评价企业质量状态的重要指标，面对互联网时代出现的一些新的消费者质量信息特点，还不能完整而全面地反映企业的质量状态，尤其是企业的质量安全风险状态。产品性能的评价，更多地要依靠专业的检测手段，作为在互联网上传播质量信息的消费者，只能是直观地表达自身对产品性能中安全状态的评价，而这是单一的产品性能指标所不能全部覆盖的。消费者实际上也很难观测到企业内部的运营过程，只能通过一些企业管理者、评价的口碑等这些外在的方面，在互联网上传播对企业整体质量的评价。互联网技术的发展，使得以前因为信息交易成本的约束而不能完全获取的同类产品信息变为可能，消费者在面对更多相对同质化的产品时，更多在网上传播和分享的是产品的价格因素。因而，我们需要在已有文献分类指标的基础上，基于互联网时

41

代的特征，面向消费者的质量信息，提出更为全面科学的分类指标模型。

二　研究方法和模型建构

研究对象的特点决定了研究方法的选择。我们研究的对象，就是消费者在互联网上所发布的与企业有关的质量信息，特别是与企业质量安全有关的信息。互联网上消费者发布的企业质量安全信息是完全公开的，并且利用信息技术是可以获取、识别和收集的。所以，通过在一定时间段内，对互联网上消费者企业质量安全信息的收集、统计和分析并得到的最终结果，可以支撑企业质量安全分类模型的构建。因而，我们采用的主要研究方法，就是对互联网数据进行统计和分析的实证研究。同时，还应用文献分析法，也就是"固有性能"和"满足需要"的质量评价基础分类理论方法，对这些互联网上的实证数据进行理论的分析。

互联网上的消费者质量安全信息，有许多都是采用微博这种自媒体的方式进行发布的，如果只是简单地采用一些常见的搜索引擎，就不可能获取这些占据相当比例的消费者质量信息，因而需要采用更为专业的质量信息获取平台，来开展对消费者质量安全信息的分析。我们选择"质量安全网络信息监测与预警平台"①（以下简称"监测与预警平台"），作为数据获取的支撑手段。该平台专门开发了识别文本质量含义的语料库，能够比较准确地识别网民所发布的各类信息中的有关企业质量的文本信息。该平台是一个专业化的质量信息监测平台，对互联网上消费者文本数据的获取，都是基于"质量"这个唯一的内容，而没有统计反映其他内容的文本数据。监测与预警平台以 2012 年 8 月 1 日至 10 月 31 日作为时间段，获取了平台上固定监测的 60 家企业，共计 16 232 条文本数据（以下简称"数据集 1"），这些数据都是来自于消费者专门关于这些企业的质量信息，其中有 5 750 条数据，是关于产品性能、服务质量和运营质量指标的信息。剔除掉这些反映已有指标的信息，我们主要分析其他未进入已有指标的 10 482 条文本数据（以下简称"数据集 2"）。

分析数据集 2，会发现消费者基于自己的实际感受，最多的是关于产品安全方面的信息，无论是客观上描述产品性能对自身的伤害，还是

---

①　该平台由武汉大学质量院主持研发，是国家社科基金重大项目"我国质量安全评价与网络预警方法研究"的重要成果，也是国家发改委、科技部所确定的国家自主创新示范区现代服务业综合试点项目，同时还是国家"火炬计划"项目。

主观上表达对产品使用的担心，都是基于安全性。与安全性有关的文本数据共计 8909 条，占数据集 2 的 85%。Maslow（1943）提出，安全需要是仅次于生理需要的人类需要，也是消费者对产品质量的一项基本需求。从消费者的角度来分析，产品的固有特性是否安全，最直接的判断标准，就是在产品的使用过程中，看其是否对自身造成了伤害。美国的国家电子伤害监测系统（NEISS，Westat，1972）、欧盟的非食品类消费品快速预警系统（R A - PEX），以及日本的全国消费生活信息网络系统（PIO - NET），都是通过对消费者受到产品质量伤害信息的收集，来作为监测企业质量安全风险的重要依据。即使有些产品并没有对使用者造成身体伤害，但由于消费者的心理变化，会产生对产品在使用上的担心或恐惧，这种描述心理感受的信息，在监测的文本数据中普遍存在。互联网上这种消费者所传播的质量安全信息，会对政府和企业的质量管理和控制，带来许多新的机遇和挑战，一方面能够更广泛地实时获取关于产品的质量安全信息；另一方面又可能出现社会总体不安全感的人为放大。在互联网条件下，"安全性"绝不仅仅只是产品性能的一个方面，甚至表现出比产品性能指标更大的敏感性和重要性，应该成为企业质量安全分类模型中最基础的一项指标。

43

在数据集 2 中，会发现消费者自由发布的有关企业质量的信息，大部分都不是有具体分析的专业性表达，而是对企业形象的直接评价，既包括总的观感，又包括对企业在慈善、环保这些问题上的表现，实际上是通过对企业形象的评价，来折射出对企业内部支撑这一形象的各质量状态的评价。消费者的逻辑是，一个公众形象不佳的企业，必然是由内部的运行质量、产品质量的问题而导致的。在这些数据中，有 1260 条是反映企业公众形象的，占数据集 2 的 12%。在 ECSI 模型中，很明确地提出了企业形象这一分类指标，它是指顾客记忆中和企业有关的联想，这些联想会影响人们的期望值以及满意与否的判别。态度和预测人们行为的行为意图在机能上相联系。因此，作为一种态度的企业形象也对属于行为意图的顾客忠诚有影响（Fishbein、Ajzen，1975）。同时，互联网上信息传播的即时性和非理性影响，对企业形象的传播，尤其是负面形象的传播产生了巨大的放大效应。因而，"公众形象"指标，是一个在开放的、公共的互联网平台上，对企业质量安全分类模型重要的支撑指标之一。

在数据集 2 中，余下 3% 的文本数据，主要反映的是对产品是否合算，与其他同类产品相比是否更有价值的信息。之所以如此，一方面是前文已分析的，互联网带来了更多同类质量性能的产品信息；另一方面互联网所实现的电子商务，从根本上来讲，就是降低商品交易的成本。电子商务可以实现消费者面对同一产品的不同供应商。分析发现，正是基于互联网所导致的这些新的交易特征，才使得质量的评价越来越与价格有关，也就是关于性价比的评价。有竞争力的价格是刺激消费者网上购物的一个非常重要的因素（Mara，2000；Rosen、Howard，2000），香港市场的研究也证实，商品价格便宜是吸引消费者网上购物的一个主要因素（Douglas、Hui，2002），我国的市场调查也得出了相似的结论，50.1%的被调查者因为价格便宜在网上购物（CNNIC，2004）。ACSI 模型的多项指标与价格、成本等经济性直接相关。"经济性"是评价企业质量安全总体水平的一个重要指标，在互联网使得更多同质化的产品出现时，消费者同时关注同质产品的购买价格。

除了已有的产品性能、服务质量和运营质量这三个分类指标外，我们主要通过监测与预警平台，对互联网上的消费者质量信息，应用安全性、公众形象和经济性这三个分类指标，反映了互联网时代企业质量安全分类的新特征。综合以上六个指标，构建以下的企业质量安全分类模型（见表 1 - 3 - 1）。

表 1 - 3 - 1　　　　　基于互联网信息的企业质量安全分类模型

分类指标	信息内容
产品性能	可靠性、易用性、感官评价
安全性	身体伤害、性状改变、不安全感
服务质量	便利性、服务环境、从业人员、客服系统
经济性	性价比、品种多样性、使用成本
运营质量	管理水平、人力资源、人文环境
公众形象	社会责任与环保、管理者形象、企业口碑、外部沟通

我们所构建的这一分类模型，主要由产品性能、安全性、服务质量、经济性、运营质量和公众形象六个指标构成，同时又包括了支撑这六个指标的网络信息内容。分类模型在原有的三个分类指标基础之上，增加了更能反映互联网时代特征的安全性、公众形象和经济性三个分类指标，不仅能够最大限度地获取消费者的质量评价信息，而且更能够体现互联网上消费者质量安全信息传播的特点。分类模型更全面地反映了企业质量安全的状态，既包括身体伤害、性状改变、可靠性和易用性这些反映企业产品性能、安全性的指标，又包括支撑这一指标的管理水平、人力资源、便利性、服务环境的运营质量、服务质量指标。同时，按照固有性能和满足需要这一质量分类的理论基础，既有更多反映固有性能的安全性、运营质量和产品性能指标，又有更多反映满足需要的经济性、服务质量和公众形象的指标。

45

三　模型应用与解释

本研究所构建的模型，是基于互联网上的消费者质量信息。模型的应用，必须建立在能够对互联网上消费者的质量信息进行快速而准确识别的基础上，只有在此基础之上，才能真正地支撑模型中分类指标的实现。这就要研究如何选取互联网成熟的技术方式，来实现对网上消费者原始的质量文本数据的识别和分类。

（一）实现方法设计

以自然语言处理技术为基础的网络文本分类技术，近年来取得了很大进展，出现了很多可供借鉴的有用技术方法。网络文本分类，是根据给定网络上文本的信息内容，将其判别为确定的若干个文本类别中的某一类或某几类的过程。该技术方法对于海量的网络质量安全信息，可以快速、准确地对其进行识别和分类，是我们选择的最基本的技术实现方式。为了实现模型中的六个分类指标，我们提出了面向网络消费者质量文本分类的算法，即以支持向量机算法为基础，对文本信息进行分类，并确定该文本信息内容的分类。支持向量机（SVM）最早由 Vapnik（1982）提出，是一种基于统计学习理论的模式识别方法。该方法基于结构风险最小化原理，将原始数据集合压缩到支持向量机集合，学习得到分类决策函数。其基本思想是，对一个给定的具有有限数量训练样本的学习任务，如何在高维空间中寻找一个最佳超平面作为两类的分割，以保证最小误差率。支持向量机在解决消费者质量信息小样本、非线性和高维模式的文本识别上，分类的准确性和召回率具有显著的优势。该方法可以抽象为以下流程图（见图 1-3-1）。

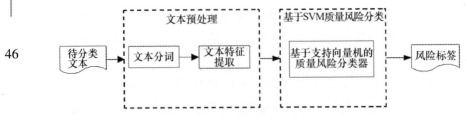

图 1-3-1   网络文本质量信息分类处理流程

按照该流程图，首先，要对待分类的网络质量信息进行文本分词，抽取能够代表该信息的文本特征维度。其次，采用基于支持向量机的文本特征统计分类方法，对网上的质量安全文本信息，进行内容识别的模型分类。最后，按照模型所提出的六大分类指标，直接给不同的文本标注相关的内容分类。

（二）样本和数据

以上实现方法的设计原理，对用于分类的样本和数据提出了要求。为检验模型分类实现的可行性，首先，应当具有较大的文本信息样本量，这就要求选择的目标企业样本，其产品和服务的客户应是大众消费者，并且在消费者中有较高的知名度和关注度。其次，我们所提出的企业质量安全分类模型，涵盖了一个企业质量的多个维度，因而选取的样本企业，应当具有从生产到销售比较完整的经营体系。最后，选取的企业样本，应具有一定的行业代表性。按照以上的原则，乳制品行业由于质量安全事件而备受关注，并且已形成寡头垄断竞争的市场结构，有几家全国知名的企业可供选择，同时这些知名企业从奶牛养殖、原奶生产，一直到零售终端都有涉及，因而是很好的企业样本。汽车行业由于其产品货值显著高于消费者日常购买（除房产之外的财产）的消费品和其他耐用品，并且一旦出现质量风险将直接危及生命安全，消费者对汽车的产品质量有极高的关注度。同时，该行业有多个全国知名的企业可供选择，而且这些企业也有完整的产业链，也是很好的目标样本。商业零售业因其是大部分产品和服务发生交易的场所，而受到消费者的广泛关注，该行业也还有多家国内上市的知名企业，符合本研究的选取原则。因此，我们选取乳制品、汽车、商业零售业这三个行业中的各一家上市公司作为研究样本。

本研究还是通过监测与预警平台，来获取需要分析的消费者反映三个样本企业的质量信息，这些信息主要来源于微博、论坛、投诉平台和博客等全国知名的自媒体网络，共计 18657 个，覆盖了中国网络媒体 Alex 排名前 2000 位的 90% 以上，其中来源于自媒体的数据占近 25%。数据的获取方式是采用网络爬虫技术，对上述的自媒体信息源进行不间断的网络获取，依据企业名称和产品名称对已经采集获取的数据进行过滤，获得与企业相关的所有数据，并通过人工判别的方式，将所有涉及企业质量风险的数据进行标注，构建相应的分类信息源。

为验证分类算法的稳定性，防止网络数据的随机性所导致的算法性能测试误差，本研究采集了三个时间段的数据样本，分别是 7 月 1—10 日，7 月 11—20 日，7 月 21—30 日。在这三个时间段的数据监测中，共获取 5920 条有效数据，通过人工标注，按照行业归属，分别从中随机选择正样本和负样本训练集各 1000 条。数据描述如表 1 - 3 - 2 所示。

表 1 - 3 - 2　　　　　　　　文本信息监测数据集　　　　　　　（单位：条）

企业	行业归属	训练集正样本	训练集负样本	测试时间 A（1—10 日）	测试时间 B（11—20 日）	测试时间 C（21—30 日）
M	乳制品	1000	1000	1324	2012	899
S	汽车	1000	1000	342	214	411
Z	商业零售业	1000	1000	234	109	375

需要说明的是，虽然表 1 - 3 - 2 中用于检验的企业样本数据，均是来自于互联网上的公开信息，但是，为避免不必要的负面影响，我们对这三个企业的样本，分别用字母 M、S 和 Z 来代表。

（三）应用方法

为验证以上文本信息分类的正确性，我们采用准确率（P）、召回率（R）与调和平均数 F1 作为检验的评估方法。

$$准确率（P）= \frac{正确分类的文档数}{被测试文档总数} \times 100\% \qquad (1-1)$$

47

公式（1-1）的准确率 P 反映了一个分类器对于类别的区分能力，准确率越高，表明分类器识别正确个数与总个数差距越小，即识别错误的数量低。

$$召回率（R）= \frac{正确分类的文档数}{被分类器识别为该类的文档数} \times 100\% \qquad (1-2)$$

公式（1-2）的召回率 R 反映了分类器泛化能力，召回率高说明分类器能够把正确的类型识别出来，但并不关心识别出来的总量。因此，如果准确率高而召回率低，虽然获取结果的可靠性较高，但对新文本信息进行分类时，很多正确的类型就不能识别，因此应用能力不强；如果召回率高而准确率低，虽然可能对新文本信息中正确的类型，识别效果较好，但识别结果错误的数量可能会很多。因此，如果只单独使用其中的一个方法，则检验的正确性会受到影响。

$$F1 = \frac{2}{\frac{2}{P} + \frac{2}{P}} = \frac{2PR}{P+R} \times 100\% \qquad (1-3)$$

公式（1-3）的调和平均数 F1 也称为倒数平均数，是均值的一种表现形式，能将准确率和召回率两个指标融合成一个指标，在一定程度上反映分类器的效果。因而，F1 的数值以百分率来计算，数值越高，说明对网络质量文本信息的分类效果越好。调和平均数高，说明准确率和召回率都不会太低；调和平均数低，说明准确率和召回率两个值都很低，也可能是其中一个值很低，表明分类效果不理想。

（四）结果分析

1. 准确率 P 检验

表1-3-3　　　　企业质量安全分类模型的准确率 P 检验结果　　　（单位:%）

评价指标	类别	产品性能	安全性	服务质量	经济性	公众形象	运营质量	平均值
M	A 组	85.69	81.07	86.07	75.14	81.41	91.41	83.46
	B 组	67.54	87.31	85.45	75.71	85.06	90.07	81.85
	C 组	85.64	86.89	85.50	76.51	85.50	90.07	85.02
	平均	79.62	85.09	85.67	75.79	83.99	90.52	83.44

续表

评价指标	类别	产品性能	安全性	服务质量	经济性	公众形象	运营质量	平均值
S	A组	85.3	82.06	86.7	74.93	81.48	92.21	83.78
	B组	66.67	87.67	86.43	75.61	84.48	89.54	81.73
	C组	66.99	85.86	85.32	73.97	84.57	88.1	80.80
	平均	72.99	85.20	86.15	74.84	83.51	89.95	82.11
Z	A组	76.18	77.8	88.62	68.48	76.92	80.97	78.16
	B组	72.52	78.13	82.45	65.7	76.31	84.66	76.62
	C组	67.15	83.94	85.65	73.04	82.17	89.09	80.173
	平均	71.95	79.96	85.57	69.07	78.47	84.91	78.32

如表1-3-3所示,对M、S、Z三个企业从模型的六个分类指标进行准确率检验,每个企业都采用三组数据进行稳定性校验。A、B、C三个测试数据集的分类结果显示,分类方法对各分类指标的准确率普遍分布于80%左右,说明算法分类结果中大部分文本数据是能够准确地分入应该归属的类别中,这也证明该分类方法有较强的文本倾向判别能力。通过三个连续时间段的持续观察发现,准确率在各指标和各企业间没有很大的波动,说明算法具有时间稳定性。这个结果证明,该算法能够较为准确、持续地对互联网上消费者质量安全文本信息进行分类。

2. 召回率R检验

如表1-3-4所示,对M、S、Z三个企业从模型的6个分类指标进行召回率检验。从A、B、C三个测试数据集的分类结果显示,分类方法对各分类指标的召回率普遍分布于70%左右,对于中文多分类算法而言,本算法所能达到的召回能力已经达到实用水平,并且由于更高的准确率,在一定程度上,弥补了由于召回率相对降低,而导致的算法泛化能力不足的问题。

表1-3-4　　　　企业质量安全分类模型的召回率 R 检验结果　　　（单位:%）

评价指标	类别	产品性能	安全性	服务质量	经济性	公众形象	运营质量	平均值
M	A 组	61.12	80.82	64.59	76.21	65.29	62.71	68.45
	B 组	60.15	78.75	60.16	73.99	58.81	74.90	67.79
	C 组	75.26	81.26	70.21	83.59	86.54	89.52	81.06
	平均	65.51	80.28	64.99	77.93	70.21	75.71	72.43
S	A 组	61.59	81.3	64.88	77.5	68.48	64.64	69.73
	B 组	60.98	80.47	60.38	74.86	58.57	75.15	68.4
	C 组	58.5	78.7	60.45	74.29	58.4	74.17	67.42
	平均	65.90	82.57	72.02	75.18	70.89	79.41	74.33
Z	A 组	51.81	75.88	58.72	71.45	58.53	59.47	62.64
	B 组	76.87	71.68	54.99	63.76	50.42	69.19	64.48
	C 组	60.19	80.11	60.96	74.75	56.32	74.54	67.81
	平均	62.96	75.89	58.22	69.99	55.09	67.73	64.98

3. 调和平均值 F1 检验

如表1-3-5所示,采用调和平均数 F1 值对准确率和召回率进行综合评价,从数据检验结果可以看出,三个企业在三个不同时段的 F1 值都在70%以上,其中 S 的 F1 平均值达到了74.33%,M 的 F1 平均值达到了74.28%,即使是最低 Z 的 F1 平均值也达到了70.81%,三个时间段下的调和平均数都具有时间稳定性,说明我们提出的模型实现方法,有较高的正确性。即使产品性能和公众形象的准确率和召回率,低于其他四个指标,也是由于目前在本研究中,对于这两个指标项下语料特征的丰富程度相对较低而导致的。

表1-3-5　　　企业质量安全分类模型的调和平均值 F1 检验结果　　（单位:%）

评价指标	类别	产品性能	安全性	服务质量	经济性	公众形象	运营质量	平均值
M	A 组	71.34	80.94	73.79	75.67	72.46	74.38	74.76
	B 组	63.63	82.81	70.61	74.84	69.54	81.79	73.87
	C 组	72.54	78.22	73.12	73.44	73.41	74.57	74.22
	平均	69.17	80.66	72.51	74.65	71.80	76.91	74.28

评价指标	类别	产品性能	安全性	服务质量	经济性	公众形象	运营质量	平均值
S	A 组	71.53	81.67	74.21	76.19	74.41	75.96	75.66
	B 组	63.7	83.92	71.09	75.23	69.18	81.72	74.14
	C 组	62.46	82.12	70.76	74.13	69.09	80.54	73.18
	平均	65.90	82.57	72.02	75.18	70.89	79.41	74.33
Z	A 组	61.67	76.82	70.63	69.93	66.47	68.57	69.01
	B 组	79.53	74.77	65.98	64.72	60.72	76.15	70.31
	C 组	63.48	81.98	71.23	73.89	66.83	81.17	73.09
	平均	68.23	77.86	69.28	69.51	64.67	75.30	70.81

样本数据分析的结果证明，我们所设计的模型实现方法，能够有效地对互联网上消费者所反映的企业质量安全风险信息，进行较好的获取、识别和分类。

四　方法的进一步讨论

我们面向来自于互联网上消费者的质量安全信息，需要构建评价企业质量安全的分类模型这一问题，通过回顾企业质量评价文献，集中对互联网条件下，消费者的质量信息特点进行了分析，在已有的产品性能、运营质量和服务质量三个分类指标的基础之上，增加了安全性、公众形象和经济性三个新的分类指标，构建了由产品性能、安全性、服务质量、经济性、运营质量和公众形象六个指标为主，包括若干个不同网络质量信息内容的企业质量安全分类模型。同时，本研究利用网络文本分类技术，设计了消费者网络质量信息分类的实现方法，并验证了该分类实现方法的有效性。

依据本研究成果，提出以下建议：

第一，将互联网上消费者所反映的企业质量信息，作为企业质量安全管理最重要的信息来源。我们的研究发现，在互联网条件下，消费者已成为企业质量安全信息数量最大的生产者和传播者群体，传统的产品检验和企业信用记录方式，已不能满足企业对质量安全开展风险管理和防范的需求。加强互联网上消费者的质量安全风险信息管理，是提升企业质量安全水平的前提，也是政府对质量安全进行管理的基础。

第二，应用企业质量安全分类模型，提高质量安全的预警能力。我们所构建的企业质量安全分类模型，是在互联网条件下，基于影响企业质量安全状态的最重要的六个因素，反映了识别企业质量安全的一般规律。应用研究所提出的模型，可以通过分类指标所反映的质量安全信息内容，科学地提取影响企业质量安全的相关因素。基于这些提取的影响因素，特别是这些信息内容基于时间而表现的趋势性，基于空间而显示的对比性，可以观测企业未来质量安全风险运行的趋势，从而提高企业质量安全的预警能力。

第三，应用网络质量安全信息平台技术，降低全社会的质量安全治理成本。制约企业质量安全信息获取的原因，除了信息获取的来源和平台外，还有就是成本约束。任何信息的获取都是有成本的，有些获取方式在理论上是最优的，如完全基于每件产品的检测就是如此。但是，这些方式所面对的最大挑战在于，要对全国众多的企业每天生产的产品都进行检验，哪怕是最小概率的抽样检验，对于有限的政府机构而言，都面临着巨大的公共财政支出成本的约束。本研究所设计的企业质量安全分类模型，特别是应用网络信息技术的实现方式，不仅可以以更低的成本获取比其他方式更多的信息量，而且可以通过成熟的网络智能技术，对原始的文本信息，进行深度的挖掘和利用，形成准确的质量安全分类。无论是基于成本的比较，还是基于信息利用效果的比较，采用本研究所提出的实现方式，及其在此基础上构建的平台，都具有显著的比较优势，可以降低全社会，尤其是政府的质量安全治理成本。

当然，我们还需要在以下两个方面进行更为深入的研究：第一，建设面向更多行业和产品类型的网络质量安全信息语料库和分类指标。从上文的检验结果可以观察到，由于行业和产品类型的不同特征，消费者会因为体验的差异，而使用不同的语汇来反映对产品的质量评价，这就会导致网络的信息文本在识别上的困难。即使是面对同一个产品，消费者在文本信息的反映上，也会有不同的语汇，这就会导致分类指标归类的不确定。因此，要提高企业质量安全分类模型的科学性和有效性，未来一个重要的研究方向，就是在现有的质量通用语料库的基础上，研究更能够反映不同产品种类、行业特征，以及消费者区域特点的专业语料库。第二，基于质量文本信息的数据积累，开展质量安全预警模型的研究。风险预警必须基于收集到的有关对象之各种信息，才能提出可以表现该对象特性的关键性指标和参数，进而实现对目标的动态预警。因此，可以应用我们所提出的企业质量安全分类模型及其技术实现方法，获取大量的反映网络质量文本信息的数据，从而开展质量安全预警临界值，包括警限、警兆等参数的研究，最终，构建以互联网上消费者质量安全信息为来源的企业质量安全预警模型。

第二章 乳制品行业质量网络监测报告

报告主要涉及 8 家乳制品企业，分别是蒙牛、伊利、光明、完达山、三元、南山、雀巢、圣元，涉及 14 个品牌、55 个产品，共获得有效数据共计 67117 条。本报告用于学术研究目的，最后只选择了其中 3 家最典型的乳制品企业，并用编号"Milk + 数字"来代替，例如 Milk 1、Milk 2 和 Milk 3；品牌用编号"BRAND + 数字"代替，例如 BRAND 1、BRAND 2、BRAND 3。

第一节 乳制品行业基本信息

2012 年，中国乳业在经过几年的调整后，整体处于上升态势，市场容量在不断地扩张，企业的生产规模也在不断地扩大，产业链的建设，已经上升到企业的战略高度，很多区域型乳业开始出现较高的增长。虽然整体市场处于不断回暖的趋势，但是 2012 年却是继"三聚氰胺"事件之后质量安全事件爆发率最高的一年。乳制品行业的安全事件频出，这些事件分布在乳制品制造业中的各个阶段，包括奶源、生产加工、生产运输以及市场销售等。

一 乳制品年度质量风险状况基本分析

（一）总体信息量统计

2012 年，质量安全信息监测与预警平台共监测到该产品相关质量安全信息共计 67117 条。如表 2 - 1 - 1 所示，乳制品质量安全状况问题较大，除安全性和运营质量比较突出外，其他维度的质量安全评价指标相对比较平稳。

从图 2－1－1 中的质量风险一级维度来说，安全性信息 21666 条，占比最大，为 57%；运营质量 12484 条，为 32%，占比其次；其他各类指标基本平稳。从质量风险时间分布来说，2012 年第三季度监测到的有关乳制品的质量风险信息最多，达到 38245 条。

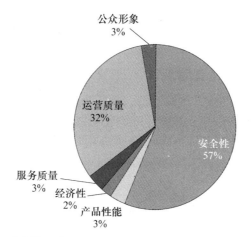

■安全性 ▨产品性能 ■经济性 ▨服务质量 ▨运营质量 ■公众形象

图 2－1－1 质量安全信息六维度信息

表 2－1－1 　　　　　　　**质量安全信息六维度信息汇总**　　　　　　（单位：条）

分类	类目	第一季度数量	第二季度数量	第三季度数量	第四季度数量	总量
安全性	总量	1825	3529	11875	4437	21666
	不安全感	1505	2412	7472	2989	
	性状改变	257	858	3676	1182	
	身体伤害	63	259	727	266	
产品性能	总量	45	187	484	501	1217
	感官评价	16	112	190	190	
	易用性	15	28	117	68	
	可靠性	14	47	177	243	
经济性	总量	25	54	241	507	827
	使用成本	19	18	77	333	
	品种多样	1	24	116	12	
	性价比	5	12	48	162	

分类	类目	第一季度数量	第二季度数量	第三季度数量	第四季度数量	总量
服务质量	总量	73	202	803	261	1339
	客服系统	61	170	697	157	
	从业人员	1	17	43	39	
	服务环境	1	2	23	7	
	服务便利性	10	13	40	58	
运营质量	总量	772	2049	7477	2186	12484
	人文环境	4	8	38	11	
	社会责任与环保	501	1091	4902	1403	
	人力资源	25	79	222	69	
	管理水平	242	871	2315	703	
公众形象	总量	44	134	685	218	1081
	外部沟通	12	21	79	31	
	企业口碑	32	111	597	181	
	管理者形象	0	2	9	6	
综合		214	4556	16 680	5122	
总量		4929	10711	38 245	13 232	67 117

通过对前面数据的统计研究发现，各企业安全性和运营质量存在一定联系。因此我们将3个企业时间序列数据进行汇总，并用 SPSS 软件检验安全性和运营质量两个维度是否存在相关性。结果显示皮尔逊系数为0.812，大于0.7，数据显示安全性和运营质量呈高度相关。安全性是消费者非常关心的乳制品质量问题，因此安全问题往往影响消费者对企业运营质量的评价。

（二）乳制品质量信息时间分布不均衡

通过对乳制品信息的总体统计，我们发现第二、三、四季度信息总量较第一季度有大幅上升，第一季度为4929条；第二季度为10 711条；第三季度为38 245条；第四季度为13 282条。质量安全信息量最多的是第季度，其中有几起质量安全事件使得乳制品一度成为全国关注的焦点。

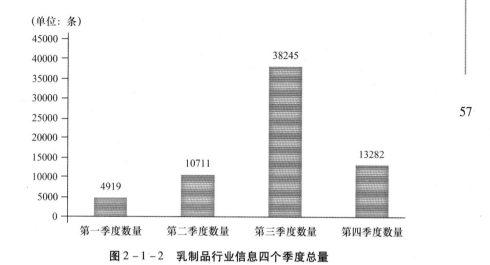

图2-1-2　乳制品行业信息四个季度总量

通过深度网系统检测发现，乳制品质量风险信息最高值出现在2012年8月3日（见图2-1-3），数量达到3071条。在这个时间点，发生的代表性事件是蒙牛修改日期事件、光明"酸败门"事件等。总的来说，第三季度发布的信息量最多。

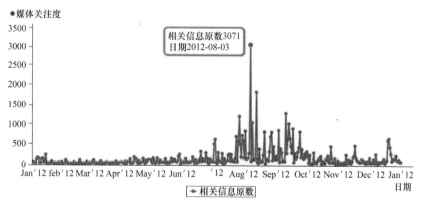

图2-1-3　乳制品行业全年信息分布（单位：条）

（三）信息地理分布图

由全年的信息地理分可以看出除了西北、西南、中北部地区的网民给出的评价较少以外，全国大部分网民都会对乳制品的时事动态、新闻以及

57

接触到的事件作出相关评价，其中沿海地区和北部地区评价数量较多。

（四）信息总量地区排名

1. 2012 年度信息总量地区排名（见图 2 - 1 - 5）。根据深度网系统检测显示，2012 年发布信息最多的地区是上海，数量达到 14954 条。其次是广东，数量是 13387 条。接着是北京，数量是 12804 条。这些地区乳制品用户较多，所以发现的质量问题就更多一些。

58

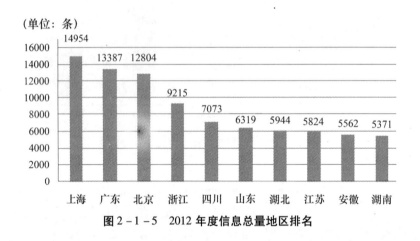

（单位：条）

图 2 - 1 - 5　2012 年度信息总量地区排名

2. 第一季度信息总量地区排名（见图 2 - 1 - 6）。第一季度发布量最多的省份是四川省，发布了 978 条信息；其次是北京，发布了 869 条信息；再次是广东，发布了 835 条信息。相对而言，经济发达地区的网民发布信息量较多。

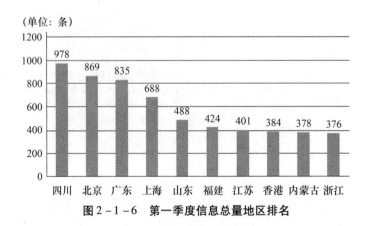

（单位：条）

图 2 - 1 - 6　第一季度信息总量地区排名

3. 第二季度信息总量地区排名（见图2-1-7）。第二季度信息总量地区排名最高的是北京，1777条；其次是上海，1710条；再次是广东，1638条。这些地区人群对乳制品行业安全性问题比较关注，发布的相关质量安全信息较多。

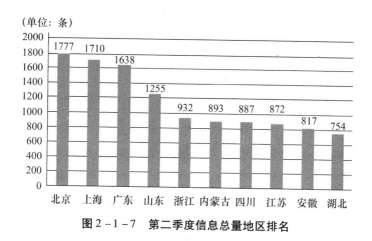

（单位：条）

图2-1-7 第二季度信息总量地区排名

4. 第三季度信息总量地区排名（见图2-1-8）。第三季度的安全性信息数量发布最多的前3名依然是北京、上海和广州。第一是上海；第二是广东；第三是北京。发布的信息条数分别是9739条、8552条、8043条。

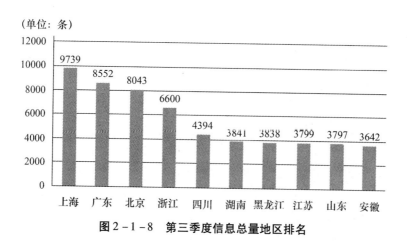

（单位：条）

图2-1-8 第三季度信息总量地区排名

5. 第四季度信息总量地区排名（见图2-1-9）。第四季度的安全性信息数量地区排名最高的是上海，发布了 2817 条信息。其次是广东和北京，分别发布了 2362 条信息和 2115 条信息。

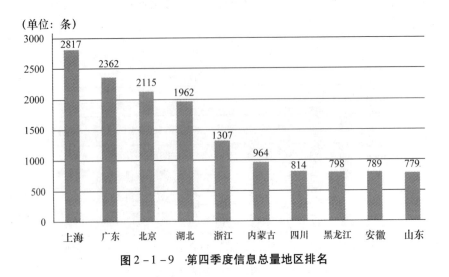

（单位：条）

图 2 - 1 - 9　第四季度信息总量地区排名

（五）媒体关注排名

1. 2012 年度信息总量媒体排名（见图 2 - 1 - 10）。通过深度网系统检测出的乳制品 2012 年发布信息量最大的是新浪微博，发布的信息达 3574 条。其次是中国日报网，发布的信息有 1397 条。接着是天涯论坛，发布的信息量是 1235 条。可见，新浪微博的影响力是非常大的。

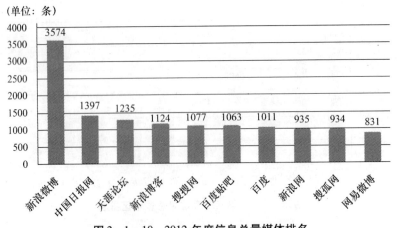

（单位：条）

图 2 - 1 - 10　2012 年度信息总量媒体排名

2. 第一季度信息总量媒体排名（见图 2-1-11）。通过媒体排名，发现第一季度的发布量最高的是搜搜网，发布了 289 条信息。其次是新浪微博、新浪博客。

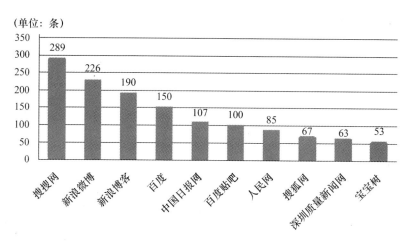

图 2-1-11　第一季度信息总量媒体排名

3. 第二季度信息总量媒体排名（见图 2-1-12）。第二季度的媒体信息发布量最高的是新浪微博，这也可以看出微博的大量推广、用户人群的增多，使得微博成为信息传播最快的途径，企业也可以考虑在发布信息时采用微博的形式。

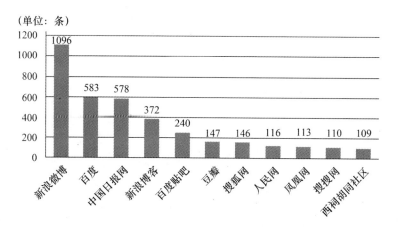

图 2-1-12　第二季度信息总量媒体排名

4. 第三季度信息总量媒体排名（见图 2-1-13）。第三季度的媒体数量排名最高的是天涯论坛，作为全国最大的知名论坛网站，天涯论坛汇集了很多论坛爱好者。这些论坛网民谈论乳制品质量安全事件的原因，并给出评价。除此之外，新浪微博排名第二，仍然在信息传播过程中起着巨大作用。

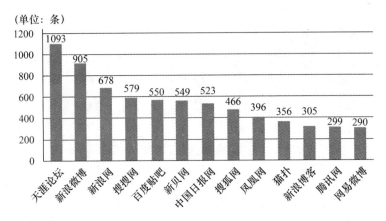

图 2-1-13　第三季度信息总量媒体排名

5. 第四季度信息总量媒体排名（见图 2-1-14）。第四季度的安全性媒体排名最高的是新浪微博，从全年看新浪微博的力量是所有媒体中最大的，再一次展现微博这个新生代媒体在网络中所起的作用。

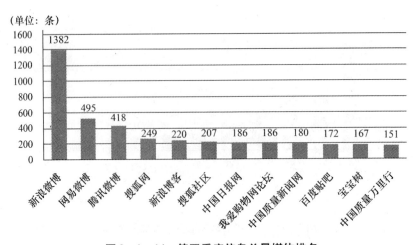

图 2-1-14　第四季度信息总量媒体排名

（六）品牌或产品

通过对乳制品行业的所有产品进行统计，发现 Milk 1 出现的频数最高，为 19980 条；其次是 Milk 2，为 7330 条（见图 2-1-15）。

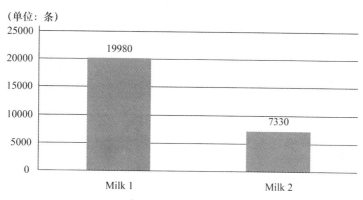

图 2-1-15 乳制品品牌数量图

二 六个维度质量风险分析

（一）安全性维度

从安全性信息维度百分比图 2-1-16 上可以看出：不安全感维度用户最为关心，占安全性一级维度百分比的 64%；其次性状改变百分比为 25%，身体伤害百分比为 11%。

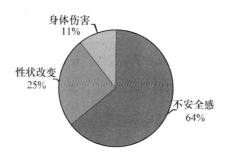

图 2-1-16 安全性子维度所占百分比

从年度安全性汇总图 2-1-17 上可以看出第三季度也就是 7 月、8 月、9 月是出现安全问题的高峰期。这一方面与温度过高、乳制品保存不易有关；另一方面也与乳制品生产企业加工、运输过程中保存不当有一定关系。

安全性指标下不安全感和性状改变两个子维度有较大程度上升，也说明老百姓对于乳制品行业产品质量存在不信任的现象。性状改变主要出现在产品上，比如出现牛奶变质或牛奶内有异物的情况，当有一个人发布该类消息就会有人对此进行转发，从而产生大范围的影响。

64

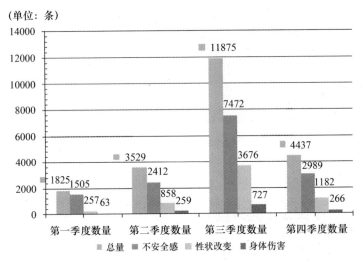

(单位：条)

图2-1-17　乳制品企业四个季度质量风险安全信息汇总

分析2012年乳制品行业的14个典型安全性事故。可以看出一半的安全性事故都出自生产上，如某奶粉"含汞门"等，从中我们可以看出乳制品行业为何如此尴尬的核心所在。还有两个事故是来自于奶源问题，如"致癌门"等，这又反映了乳制品公司对奶源的监管不力。某乳业"致死门"以及某品牌频出异物等事件，由于其事件本身的真伪不能鉴别，所以归入其他类，其中又包含了乳制品本身监管不力而导致事情真相模糊的问题。

（二）产品性能维度

产品性能维度一级维度包含可靠性、感官评价和易用性三个二级维度。从产品性能维度百分比图2-1-18上可以看出：可靠性维度用户最为关心，占产品性能一级维度总体百分比的42%；其次感官评价占百分比为39%，易用性占百分比为19%。

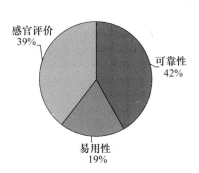

图 2 - 1 - 18　产品性能子维度所占百分比

年度产品性能在第三、四季度出现的问题最多，这说明在第三、四季度里，乳制品的销量是全年最高的。只有频繁接触此类产品的消费者才会对产品问题提出意见，主要从可靠性和感官评价两个方面对产品进行性能评价。所以企业在生产销售上也可以根据时间进行调整。

产品性能上，三个指标均有上升，其中可靠性的上升幅度最大，这与前面产品的安全性有关系，当安全性有问题时，信任度和可靠程度也会较低，也就是表明对乳制品的不信任。易用性上出现的问题也比较多，说明有人觉得乳制品的产品设计需要改进。感官评价即对乳制品的口感、包装等设计进行评价，由图 2 - 1 - 19 可知，乳制品在感官评价方面的问题是最少的。

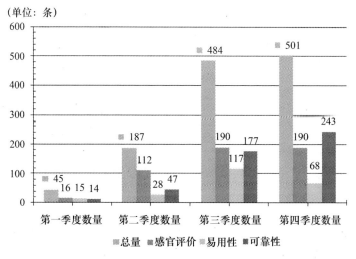

图 2 - 1 - 19　年度产品性能汇总

（三）经济性维度

经济性一级维度包含性价比、使用成本和品种多样性三个二级维度。从经济性能维度百分比图2-1-20上可以看出：使用成本维度用户最为关心，占经济性一级维度的百分比为54%；其次性价比为27%；品种多样性为19%。

66

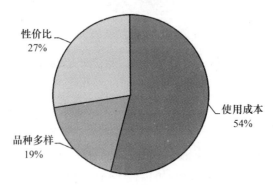

图2-1-20　经济性子维度所占百分比

2012年度经济性在第四季度出现的问题最多（见图2-1-21），这与乳制品的销量有一定关系，在过春节的时候，很多人都会购买牛奶，在对乳制品进行选购的同时，也会对不同品牌不同种类的商品进行比较，因此经济性指标在第四季度会出现较多问题。

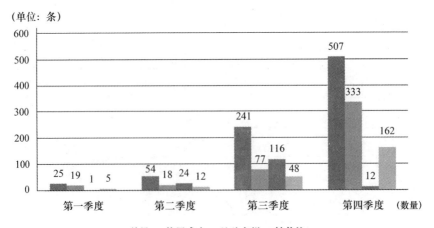

图2-1-21　年度经济性汇总

经济性的三个指标都在不同程度上有所上升，性价比问题说明乳制品的产品没有其他同类产品的价值高，品种多样的问题说明乳制品的产品种类比较单一，使用成本说明消费者会在喝牛奶的同时花费其他成本，比如身体伤害等。

（四）服务质量维度

服务质量一级维度包含客服系统、服务便利性、从业人员和服务环境四个二级维度。从服务质量维度百分比图 2－1－22 上可以看出：客服系统用户最为关心，占服务质量一级维度百分比的 81%；其次服务便利性为 9%；从业人员为 7%；服务环境为 3%。

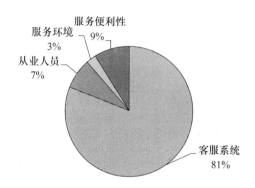

图 2－1－22　服务质量子维度所占百分比

年度服务质量在第三季度出现的问题最多（见图 2－1－23），这与安全性有密切关系。当产品出现问题，很多人就会联系客服人员。所以客服人员的行为也影响着企业的形象和口碑，在出现问题最多的第三季度，服务质量问题毫无疑问也会出现最多。因此企业在分配客服人员时也应该作出相应调整。

服务质量的问题主要体现在客服系统上，比如当有消费者打电话投诉乳制品的产品时，客服人员消极回复或者不及时解决问题都将导致客服系统问题的增加。

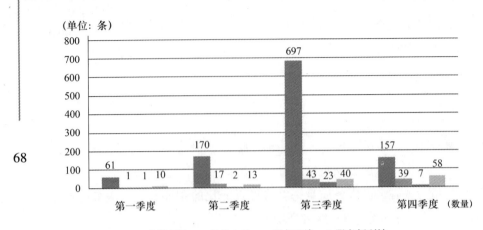

图 2 - 1 - 23   年度服务质量汇总

（五）运营质量维度

运营质量一级维度包含社会责任、管理水平、人力资源和人文环境四个二级维度。从运营质量维度百分比图 2 - 1 - 24 上可以看出：社会责任与环保维度用户最为关心，占运营质量一级维度百分比的 63% ；其次管理水平为 33% ；人力资源为 3% ；人文环境占 1% 。

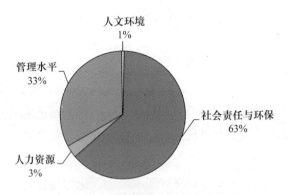

图 2 - 1 - 24   运营质量子维度所占百分比

年度运营质量在第三季度出现问题最多（见图 2 - 1 - 25），这与安全性也有密切关系，大部分安全问题与企业社会责任有关。出现安全问题必然会影响到消费者对企业社会责任的看法。

运营质量由四个维度构成，其中占比重最大的是社会责任与环保，这一项与安全性有密切关系，当乳制品产品出现质量问题，也可以看作是乳制品公司的社会责任问题。牛奶是食品，如果出现了问题也可以看作企业不重视社会责任的问题。管理水平在运营质量里也占较大比重，说明乳制品行业在管理上也出现了较大问题，这也可以和企业出现质量问题联系起来，企业出现问题肯定与企业管理有关。

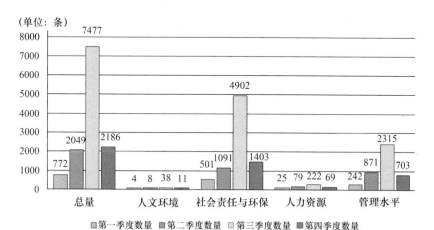

图 2 - 1 - 25　年度运营质量汇总

（六）公众形象维度

公众形象一级维度包含企业口碑、外部沟通和管理者形象二级维度。从公众形象维度百分比图 2 - 1 - 26 上可以看出：企业口碑维度用户最为关心，占公众形象一级维度百分比的 85%；其次外部沟通占 13%；管理者形象为 2%。

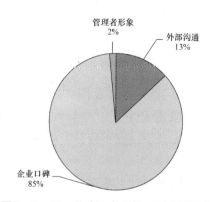

图 2 - 1 - 26　公众形象子维度所占百分比

年度公众形象在第三季度出现的问题最多（图2-1-27），这与安全性问题也有密切关系。因为第三季度出现的安全问题最多，所以很多人对于企业的口碑会作出消极回应，企业的口碑会降低。

公众形象方面，企业口碑是上升最大的一项，说明乳制品行业的口碑在消费者心中没有变好的趋势。这也与企业出现的安全性问题、运营质量有关系。外部沟通方面，乳制品行业也很少做到和消费者、媒体进行良好的沟通。

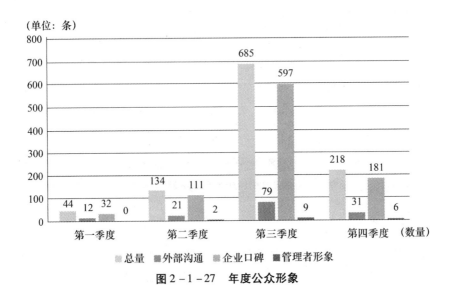

图2-1-27　年度公众形象

第二节　重点乳制品企业质量网络监测报告

一　Milk 1 年度质量分析报告

本产品质量安全状况问题较大（见图2-2-1），除安全性和运营质量外，其他各个维度的质量安全评价指标均比较平稳。安全性问题与2012年 Milk 1 所发生的安全事件密不可分，由此引发外界对 Milk 1 运营管理方面的质疑。

（一）Milk 1 年度质量风险状况基本分析

1. 总体信息量统计。2012 年，质量安全信息监测与预警平台共监测到该产品相关质量安全信息共计 19980 条。如表 2 - 2 - 1 所示。从质量风险一级维度来说：安全性信息 7871 条，占比 39.4% 为最大；运营质量 2930 条，占比 14.6%；其他各类指标基本平稳。从质量风险二级维度和时间分布来说，2012 年第三季度监测到的有关 Milk 1 的质量风险信息最多，达到 38245 条。

表 2 - 2 - 1　　　　2012 年度 Milk 1 质量风险信息　　　　（单位：条）

分类	类目	第一季度数量	第二季度数量	第三季度数量	第四季度数量	总量
安全性	总量	1234	1298	4540	799	7871
	不安全感	1083	1045	3231	430	
	性状改变	124	208	1154	305	
	身体伤害	27	45	155	64	
产品性能	总量	17	31	222	97	367
	感官评价	2	6	26	19	
	易用性	5	4	72	24	
	可靠性	10	21	124	54	
经济性	总量	10	2	24	10	46
	使用成本	10	1	7	5	
	品种多样	0	1	13	0	
	性价比	0	0	4	5	
服务质量	总量	7	46	150	11	214
	客服系统	7	45	133	6	
	从业人员	0	0	7	3	
	服务环境	0	0	3	0	
	服务便利性	0	1	7	2	

续表

分类	类目	第一季度数量	第二季度数量	第三季度数量	第四季度数量	总量
运营质量	总量	452	502	1549	427	2930
	人文环境	0	1	6	1	
	社会责任与环保	332	202	1086	348	
	人力资源	5	7	21	2	
	管理水平	115	292	436	76	
公众形象	总量	28	56	227	39	350
	外部沟通	0	10	29	8	
	企业口碑	19	45	193	30	
	管理者形象	9	1	5	1	
综合		1059	1303	5423	417	8202
总量		2807	3238	12135	1800	19980

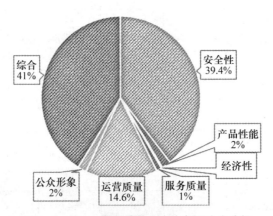

图 2-2-1 六维度质量风险信息百分比分析

2. 信息时间分布。通过对 Milk 1 信息的总体统计,年度总量是 19980 条。第一季度为 2807 条,占比 14.36%;第二季度为 3238 条;第三季度为 12135 条;第四季度为 1800 条。信息数量最多的是第三季度,原因可能是第三季度有几起质量安全事件使得 Milk 1 一度成为全国关注的焦点。

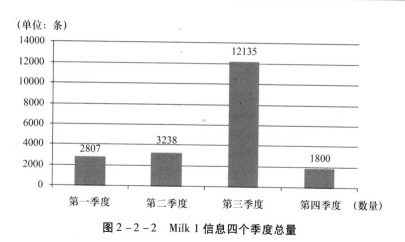

（单位：条）

图 2 - 2 - 2 Milk 1 信息四个季度总量

对全年信息的统计（见图 2 - 2 - 3）。在 2012 年 8 月 3 日发布的信息数量位于全年的单日发布量的最高峰，高达 1065 条。有信息追踪得知 2012 年 8 月 3 日浙江省浦江县工商局在浦江一仓库内查获两个批次的 Milk 1 问题牛奶，共计 160 箱。经 Milk 1 公司人士现场确认，生产日期确实遭到篡改。

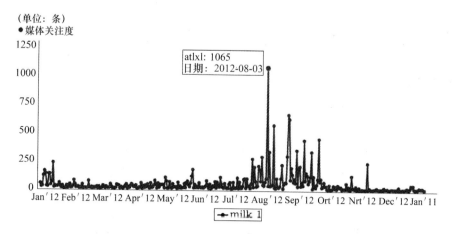

（单位：条）
●媒体关注度

atlxl: 1065
日期：2012-08-03

图 2 - 2 - 3 Milk 1 全年信息分布

3. 全年地区排名（见图 2 - 2 - 4）。根据年度地区数量的排名，得出全年信息发布量最多的是浙江省，4124 条；其次是北京，3990 条。由此可以看出经济越发达地区的发布量越多。

(单位: 条)

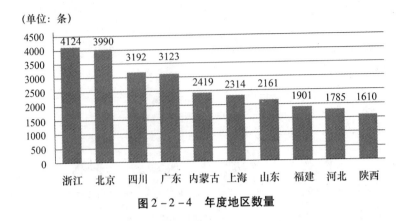

图2-2-4　年度地区数量

4. 媒体关注排名。

（1）第一季度媒体信息总量排名（见图2-2-5）。通过媒体排名，发现第一季度媒体发布量最高的是新浪微博，这也可以看出自媒体的大量应用，用户人群的增多。自媒体成为消费者信息传播的主要形式。

(单位: 条)

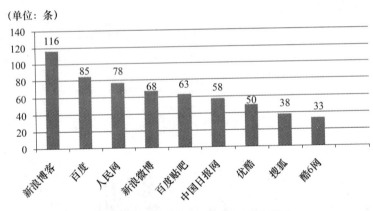

图2-2-5　第一季度媒体信息总量排名

（2）第二季度媒体信息总量排名（见图2-2-6）。第二季度信息发布量最高的是百度新闻，作为搜索引擎关联网站，其相关信息的渠道比较多，因此信息量较大。

(单位：条)

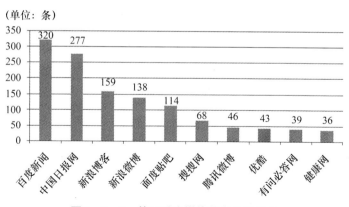

图2-2-6　第二季度媒体信息总量排名

（3）第三季度媒体信息总量排名（见图2-2-7）。第三季度媒体信息总量排名最高的是天涯论坛，作为全国最大的知名论坛网站，天涯论坛汇集了很多论坛爱好者。

(单位：条)

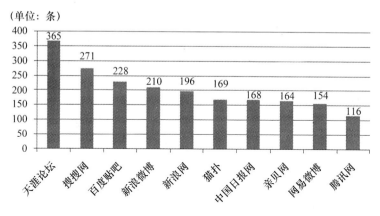

图2-2-7　第三季度媒体信息总量排名

（4）第四季度媒体信息总量排名（见图2-2-8）。第四季度媒体信息总量排名最高的是新浪微博，有573条相关信息，远远高于其他媒体。该乳制品企业的安全事件发酵后，引起了很多新浪微博用户的关注，并给出评价。

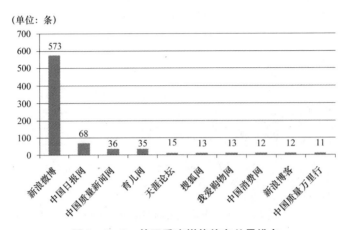

（单位：条）

图 2 - 2 - 8　第四季度媒体信息总量排名

年度媒体信息总量排名最高的是搜搜网（见图 2 - 2 - 9），高达 599 条信息，从全年看新浪微博数量是所有媒体中最大的。

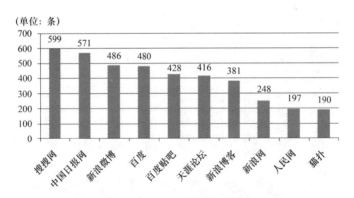

（单位：条）

图 2 - 2 - 9　年度媒体总量排名

第三节　乳制品热点事件

一　热点事件 1：圣元乳业"事件"圆满解决

（一）舆情源头追踪

2012 年 1 月 11 日，江西都昌县西源乡庙下村两名不到半岁的婴幼儿因疑似食用圣元优博奶粉出现抽搐、腹泻症状，其中，一名男婴不治身亡；另一名女婴在送往都昌县妇幼保健院后病情危急，随即被送往九江市妇幼保健院抢救，目前病情稳定。

（二）舆情演化进程

2012 年 1 月 10 日，死者去世后，家属找家家福超市和圣元奶粉经销商理论，事件开启。

2012 年 1 月 10 日，死者家属将男婴尸体摆放在超市门前停尸问责，圣元江西分公司主动向当地工商部门和公安部门报案，事件升级。

77

2012 年 1 月 11 日，圣元营养食品有限公司、客服部人员、生产总监表态积极配合相关部门调查，公司统一向外界发布信息。

2012 年 1 月 12 日，圣元主动与政府进行沟通，告知事件情况，争取得到政府部门的理解与支持，积极配合相关部门的调查。邀请相关部门实地考察，在取得相关部门的同意下，拍摄考察过程，公之于众。

2012 年 1 月 13 日，第三方检测结果出炉，九江都昌县人民政府也对该事件发布公告，江西 2 套电视栏目《都市现场》就事件采访了都昌县工商局秦局长，事情得以澄清。

（三）网络传播节点

公司第一时间应对危机。2012 年 1 月 11 日圣元营养食品有限公司、客服部人员、生产总监表态积极配合相关部门调查，公司统一向外界发布信息。

2012 年 1 月 11 日当天

1. 拜访受害者家属，向家属了解事件的情况。安抚家属的情绪，对受害者作出承诺：圣元乳业将积极全面地配合政府相关部门的调查，绝不推卸自己应该承担的责任，并派公司工作人员随时跟进医院对女婴的检查结果与治疗进程。

2. 主动与各大报社、新闻栏目等相关媒体联系。将这一消息公布于众，并包下时段，每天进行调查进程报道。为避免消费者对圣元乳业失去信心，我们将全面接受调查，愿意承担一切责任。并开设热线咨询电话，消费者若有任何质疑，可随时拨打热线电话咨询。

2012 年 1 月 11 日晚

1. 召开员工大会。告知员工事件的情况，安定相关内部员工的情绪。成立危机应对小组，在不影响公司正常运作的前提下，调动公司内部的所有宣传资源，例如公告栏、内刊、公司官网等，让员工能在第一时间了解调查进程，安定军心。同时，对外统一口径。让员工在调查结果还未出来前，不得胡乱猜测，造成不必要的恐慌。

2. 召开股东大会。告知事件情况，事件发生之后，圣元乳业午盘下跌9%。我们已经展开调查，组织股东第二天进行实地考察，保证生产环节无误，重新树立股东的投资信心。并推选新闻发言人，进行培训。

2012 年 1 月 12 日

1. 主动与政府进行沟通。告知政府事件情况，争取得到政府部门的理解与支持，积极配合相关部门的调查。

2. 发布企业自检报告。2012 年 1 月 12 日，圣元发布《20111112BI1批次出厂检验报告》，所有检验项目检测结果均为"合格"，国际董事长兼 CEO 张亮表示，非常同情遭遇了这一悲剧的家庭，与此同时，坚信这是与圣元产品无关的孤立事件，已决定不召回其任何产品。

3. 第三方检验报告。2012 年 1 月 13 日第三方检测结果出炉，九江都昌县人民政府也对该事件发布公告，江西 2 套《都市现场》就事件采访了都昌县工商局秦局长，事情得以澄清。

（四）多方意见汇总

业内人士对此事件的各种看法。圣元公司客服人员反馈"孩子为什么死亡，我们还是觉得应该等政府和权威部门有一个结果出来，或医院的死亡报告出来，才能真实的了解是什么原因"。

死者家属的看法。由于圣元奶粉质量问题，才导致了孩子的死亡。2012 年 1 月 10 日前男婴去世后，家属找当地购物超市和圣元奶粉经销商理论。

网民评价（以下网民不作说明，采用的都是化名）：

【网民1】现在较多奶粉过多地在营养宣传上下功夫，反而使使用者怀疑它的作用。我后期选择了圣元，是因为我为宝宝选择了圣元。我一直认为只要是正品奶粉成分都差不多，对宝宝都是有益的。

【网民2】现在都生一个宝宝，所以准妈妈们都很关注营养，圣元奶粉应该可以给肚子里的宝宝提供一定的营养。我在怀孕期间胃口很差，圣元奶粉也并没有比市场上的其他的产品差，其实我个人体验之后的感觉还是蛮好的。

【网民3】之所以没有接受圣元赔偿的提议，是想先治好孩子的病和了解到底是什么原因致病的。如果他们的奶粉没有问题，他们为什么要

78

出钱?

2012年1月12日,通过公司网站公布企业《20111112BI1批次出厂检验报告》,显示该批次奶粉根据国家标准GB10765 - 2010。

(五)舆情发展态势

2012年1月13日,经第三方检测后的结果表示圣元奶粉是"合格"的,并且九江都昌县人民政府也对该事件发布公告,江西2套电视节目《都市现场》就事件采访了都昌县工商局秦局长,事情得以澄清。

在事情事实澄清后,圣元及时在其官方网站公布称"九江都昌政府在江西电视新闻发布:权威检测结果已出,圣元奶粉合格,与孩子死因无关"。公司与一些网络媒体积极沟通,发表正面软文①以消除事态的后续影响,如网易财经《工商部门为圣元正名、龙凤胎一死一伤事件与奶粉无关》、新华网《权威检测结果还圣元奶粉清白》、新华报业网《圣元奶粉最新事件结果:质量才是硬道理》、新浪博客、大周网《圣元奶粉检测合格婴儿死因与奶粉无关》等。

(六)引导应对简析

此次圣元危机事件能够得到圆满解决,可以讲得益于在此危机事件的处理过程中,圣元乳业很好地把握了以下原则,并积极运用到该事件的处理过程中,具体表现在以下几个方面。

1. 在该事件发生伊始,圣元江西分公司一方面主动向当地工商和公安部门报案,并配合派出所稳定家属情绪和配合当地工商部门进行产品的下架和封存工作;另一方面圣元公司对于家属小孩死亡表示非常痛惜,并称正等待检验结果,若是奶粉问题,绝对不会推卸责任,这种做法很好地运用了承担责任的原则,即对事件发生后就解决问题而解决问题,没有采取回避的态度,而是在对家属小孩死亡表示非常痛惜同时强调不回避责任的态度,避过了舆论的矛头。

2. 在事件进入调查的过程中,圣元乳业通过各种途径传递出一个声音,避免了说辞不统一而让媒体误解的可能,如在事发后的第二天圣元营养食品有限公司生产总监表示,该公司将会通过公关公司向外界统一发布信息,对此事不予置评;又如圣元营养食品有限公司称,目前所有关于该事件的最新进展都会在其官方网站公布。在此后对事件的进展

---

① 软文相对于硬性广告而言,由企业市场策划人员或广告公司文案人员来负责撰写的"文字广告"。

情况的介绍，圣元很好地把握了这个关键点，使真诚沟通的原则得以尽显。

3. 对于任何一个危机事件，处理速度是解决问题的关键，即危机发生后，首先控制事态，使其不扩大、不升级、不蔓延，在这一点上圣元乳业也做得恰如其分，从事件经由媒体的曝光到事情的澄清，圣元乳业充分发挥了速度第一的原则。首先，从事件发生的1月11日起到被媒体曝光的1月13日，在如此短的时间里拿到检测结果，并通过相关媒体、政府官员和政府予以公示，为平息此事件提供了最有力的证据，也使圣元乳业由被动转为主动。其次，圣元在问题出现后与核心媒体之间的沟通，使此事件没有被扩大传播，将事件的影响尽力限制在最小的范围，为事件的解决赢取了时间。

4. 积极依靠当地媒体和政府还原事件真相。过去很多企业在危机出现后，采取的方式或是自己为自己辩解，或是以企业一己之力为消费者澄清事实，或是只重视所谓的大媒体、大政府，而忽略当地媒体、政府力量。在此次事件中圣元采取的方式却有所不同，圣元没有忽略当地媒体和当地政府的作用而是积极依靠当地媒体和政府还原事件真相，在随后13日第三方检测结果出来后，圣元乳业优先选择使用当地媒体江西2套《都市现场》播报。圣元此举起到了事半功倍的效果，也为迅速平息此次事件起到了相当重要的作用。

5. 任何一个危机事件的存在都不是孤立的，对于任何一个危机事件的解决，也不能只靠单打一的形式进行解决，否则，在问题的解决过程中就会因为考虑不全而陷入顾此失彼的境地，这是解决危机需要坚持的系统运行原则。在此次事件中从事件开始及时通报公安部门和工商部门的积极行为，以及在事件调查过程中圣元的一系列声明，圣元奶粉此次在危机公关中所表现出来的前所未有的开诚布公和此前"激素门"事件截然不同，其所采取的恰当措施都为圣元此次事件的表现加分不少，同时也说明了一个企业对自身质量管理体系的认可和自信。

6. 在此次事件的处理过程中圣元重视危机生命周期管理。圣元公司根据危机态势的变化，适时调整策略。根据危机形势，利用多种渠道发布信息，及时与当事人、消费者、政府和新闻媒体沟通，为消除事态的影响加分不少。

至此，圣元"致死门"事件画上一个圆满的句号。但是，圣元"致死门"事件也给企业以警示，当危机来临时是否已做好了准备，同时又该如何去做。

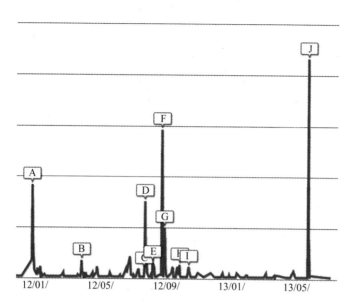

图2-3-1 圣元乳业"致死门"事件网络信息监测图

表2-3-1　　　　　　圣元乳业"致死门"事件关键时间节点

日　　期	标　　题	来　　源
2012 年 1 月 11 日	圣元奶粉致死 喝下圣元奶龙凤胎一死一伤	康爱多网上药店
2012 年 1 月 12 日	圣元回应致死疑云；坚称合格涉事奶粉已送检	人人网
2012 年 1 月 13 日	"圣元奶粉"事件得以澄清	互联网

　　注：本事件来源于伯建新《圣元乳业"致死门"的危机公关启示》，《营销界食品营销》2012 年第 3 期。

二　热点事件6："三聚氰胺"奶粉事件

　　2012 年，"三聚氰胺"奶粉事件仍然在影响国内乳制品市场，国家质检总局每月坚持在全国开展婴幼儿配方奶粉的三聚氰胺专项检查，回顾该事件有助于我们了解乳制品质量安全历史与现状。

（一）舆情源头追踪

2008 年 5 月 20 日和 21 日，一位网民揭露他于 2007 年 11 月在浙江泰顺县城一家超市里买的三鹿奶粉的质量问题。该奶粉令他女儿小便异常。后来他向三鹿集团和县工商局交涉无果。为此，该网民以网上发文自力救济，并以"这种奶粉能用来救灾吗"为题提出控诉，不过该控诉最终以价值 2476.8 元的四箱新奶粉为交换条件，取得该网民同意删除网上有关帖子。事后该网民则表示说，他因为相信了三鹿集团的解释，他买到的是假货，因此同意接受赔偿并删除帖子。

（二）舆情演化进程

三聚氰胺的"东窗事发"并不是从三鹿奶粉开始。

2007 年 3 月，美国"毒宠物"事件的罪魁祸首就是三聚氰胺。2007 年 3 月美国"毒宠物粮"事件爆发后不久，《南方农村报》的相关报道就曾预言三聚氰胺将会成为下一个"苏丹红"。2007 年 5 月，美国食品药品管理局（FDA）和中国国家质检总局的联合调查组的调查确证，江苏徐州安营公司出口到美国的小麦和大米蛋白粉含有三聚氰胺，狗吃了含有三聚氰胺的中国产狗粮，导致宠物狗中毒死亡。质检系统加强了对食品和农副产品出口的监测。但当时谁都没有想到，三聚氰胺会跟毒奶粉联系起来。

2007 年年底，三鹿奶粉公司就接到消费者对问题奶粉的投诉。在法院审判中，公司管理人员也证实公司最早接收投诉是在 2007 年年底。不过据新浪从有关方面获得的"三鹿内部邮件"显示："2008 年 3 月以来，三鹿集团先后接到消费者反映：'婴幼儿食用三鹿婴幼儿奶粉后，出现尿液变色或尿液中有颗粒现象。'"

2008 年 9 月 8 日，甘肃岷县 14 名婴儿同时患有肾结石病症，引起外界关注。至 9 月 11 日甘肃全省共发现 59 例肾结石患儿，部分患儿已发展为肾功能不全，同时已死亡 1 人，这些婴儿均食用了三鹿 18 元左右价位的奶粉。而且人们发现两个月来，中国多个省份已相继有类似事件发生。中国卫生部高度怀疑三鹿牌婴幼儿配方奶粉受到三聚氰胺污染，三聚氰胺是一种化工原料，可以提高蛋白质检测值，人如果长期摄入会导致人体泌尿系统膀胱、肾产生结石，并可诱发膀胱癌。

2008 年 9 月 11 日上午 10 时 40 分，新民网连线三鹿集团传媒部，该部负责人表示，无证据显示这些婴儿是因为吃了三鹿奶粉而致病。据称三鹿集团委托甘肃省质量技术监督局对三鹿奶粉进行了检验，结果显示各项标准符合国家的质量标准。不过事后甘肃省质量技术监督局召开新闻发布会，声明该局从未接受过三鹿集团的委托检验。很快在 2008 年 9 月 11 日晚上，三鹿集团承认经公司自检发现当年 8 月 6 日前出厂的部分批次三鹿婴幼儿奶粉曾受到三聚氰胺的污染，市场上大约有 700 吨，同时发布产品召回声明，不过三鹿亦指出其公司无 18 元价位奶粉。

　　2008 年 9 月 12 日三鹿集团声称，此事件是由于不法奶农为获取更多的利润向鲜牛奶中掺入三聚氰胺而造成的。三聚氰胺在一份报价单中的价格为每吨 8700 元。早在 2008 年 7 月中旬，就有记者从三鹿品牌甘肃省总经销商——兰州兴源食品公司，了解到三鹿已经停止生产确认受到三聚氰胺污染的奶粉品牌——三鹿优加奶粉。9 月 12 日网易财经编辑从三鹿品牌总监处得到确认，8 月 5 日就通知各地经销商，三鹿在 3 月至 8 月 5 日期间生产的产品受到污染，停售优加系列产品，并且秘密召回，但未公之于众。这导致在此后的一个多月里，又有一批婴儿仍食用了三鹿问题奶粉。

　　国家质量监督检验检疫总局对全国婴幼儿奶粉三聚氰胺含量进行检查，结果显示，有 22 家婴幼儿奶粉生产企业的 69 批次产品检出了含量不同的三聚氰胺，除了河北三鹿外，还包括：广东雅士利、内蒙古伊利、蒙牛集团、青岛圣元、上海熊猫、山西古城、江西光明乳业英雄牌、宝鸡惠民、多加多乳业、湖南南山等 22 个厂家 69 批次产品中检出三聚氰胺，被要求立即下架。但中央电视台报道的三鹿奶粉三聚氰胺含量与之前《甘肃日报》报道不符，称其含量下降了十倍。

　　2008 年，中国共有 109 家婴幼儿奶粉生产企业，中国国家质检总局对这些企业的 491 批次产品进行了排查，检验显示有 22 家企业 69 批次产品检出了含量不同的三聚氰胺。

　　2008 年 9 月 17 日，中国国家质检总局宣布取消食品业的国家免检制度，所有已生产的产品和印制在包装上已使用的国家免检标志不再有效。几天后该局并宣布撤销蒙牛、伊利和光明三个牌子液态奶产品的"中国名牌"产品称号。中国商务部也发出通知，要求各地商务主管部门严格排查生产、出口奶制品、食品、药品、玩具、家具等企业，杜绝存在质量安全隐患的产品出口。对责任确属中国企业的质量安全事件，要敦促企业承担出口产品质量第一责任，立即回收问题产品。

中国国务院总理温家宝在 21 日到北京一家儿童医院探望喝毒奶而患肾结石的儿童，又到超级市场巡视。温家宝说，内地发生"毒奶粉"事件后，他心里感到非常不安及内疚，对不起大家。他批评部分企业没良心，欠缺社会道德，事件暴露出奶源收购检查、企业产品质量检查存在问题，要认真总结反省，保证将来任何食物不再发生问题，令百姓吃得放心。23 日，温家宝在出席联合国千年发展目标高级别会议和第 63 届联大一般性辩论前在午宴上说："毒奶粉事件给消费者特别是婴幼儿的身体健康带来了极大危害，也造成了严重的社会影响。作为中国政府负责人，我感到十分痛心。"他承诺将从根本上改善中国产品质量和食品安全的状况。

（三）网络传播节点

确认因自己集团生产的奶粉导致众多婴儿患有肾结石后，三鹿集团没有及时妥善开展网络危机公关。三鹿集团官方网站在事件曝光后遭到数轮攻击，网站标题被黑客改为"三聚氰胺集团"；首页也被改为"看三聚氰胺集团新闻有感"，甚至一度成为黑客们的聊天和"集体路过"场所。在第二轮攻击中，"三聚氰胺"被作为产品名称列在三鹿的产品网页上。

（四）多方意见汇总

2008 年 9 月 19 日，联合国儿童基金会要求中国政府，在 4 名婴儿因饮用含有三聚氰胺的奶粉而丧生后，对此问题"展开全面调查"。世界卫生组织也严厉批评中国没做好食品卫生的管控，而且还刻意隐匿消息。西太平洋总监尾身茂在马尼拉批评中国未在第一时间向国际社会通报毒奶粉丑闻。

欧盟委员会负责健康和消费者保障的官员马德林说，外国消费者都在观望"毒奶粉"事件的进展，他也期望北京方面能够有个全面的解释。马德林说："政府之间、监管人员之间最重要的问题是，我们是否彼此开诚布公？经济监管人员有责任公布信息。我期待监管人员在彼此管辖的范围内惩罚拖延。"

随着三鹿"毒奶粉"事件的发展，世界卫生组织、联合国教科文组织和联合国儿童基金会于 2008 年 9 月 25 日联合发布声明，对危机扩大表示担忧，希望中国当局今后会对婴幼儿食品实施更严格的监管。

国务院总理温家宝在 2008 年 9 月 25 日对纽约 6 家华文媒体的记者

说，隐瞒本次奶粉污染事件的是三鹿集团负责人和石家庄政府官员。中央政府在得知奶粉问题后已第一时间迅速向国内公开，向世界卫生组织公开，向台、港、澳地区公开，向有关国家公开，并没有刻意隐瞒。

2008 年 9 月 26 日，世界卫生组织指出，不要把中国描绘成"万恶之源"，这些问题会出现在发达国家，同样也会出现在新兴工业国家。他们正在帮助中国对相关机制进行改善。但是宣称所有食品安全问题都源于中国，则是完全错误的。

香港某报指出，此次"毒奶粉"事件有诸多疑点，是否涉及官商勾结、官官相护，甚或有其他不可告人之处，政府必须彻查。

民众和奶农们：我觉得，无论奶农还是消费者，都应正确对待这个事件，毕竟这是个个案事件，我们该喝奶还是要喝，不是"牛奶可以拯救一个民族吗"？该养牛的还要养牛，只要我们老老实实，本本分分，相信政府会还我们一个清白，也会对不法分子给予严惩。过去世界各地食品事件，也发生过不少。这次党和政府如此重视，进一步证明国家对食品安全的重视，也希望政府在这次事件中，不断总结经验，加强管理，使我们对食品安全放心。

（五）舆情发展态势

2008 年 9 月 13 日，中国国务院启动国家安全事故 I 级响应机制（I 级为最高级：指特别重大食品安全事故）处置三鹿奶粉污染事件。患病婴幼儿实行免费救治，所需费用由财政承担。有关部门对三鹿婴幼儿奶粉生产和奶牛养殖、原料奶收购、乳品加工等各环节开展检查。质检总局同有关部门负责对市场上所有婴幼儿奶粉进行全面检验检查。

石家庄官方初步认定，三鹿"问题奶粉"为不法分子在原奶收购中添加三聚氰胺所致，已经拘留了 19 名嫌疑人，传唤了 78 人。这 19 个人中有 18 人是牧场、奶牛养殖小区、奶厅的经营人员，其余 1 人涉嫌非法出售添加剂。

河北省政府决定对三鹿集团立即停产整顿，并将对有关责任人作出处理。三鹿集团董事长和总经理被免职，并遭刑事拘留，而石家庄市分管农业生产的政府官员相继被撤职处理。河北省委也决定免去河北省省委常委、石家庄市委书记职务。22 日，李长江引咎辞去国家质检总局局长职务，这是因此次事件辞职的最高级官员。"毒奶粉"事件在中国形成了一股"行政问责与司法问责风暴"。

85

根据《中华人民共和国食品卫生法》和《中华人民共和国产品质量法》，三鹿集团最高将被罚 2 亿元人民币。新华社报道，三鹿"毒奶粉"事件事态扩大的主要原因是三鹿集团公司和石家庄市政府在获悉三鹿奶粉造成婴幼儿患病情况后隐瞒实情、不及时上报所致。

2009 年 1 月 22 日，河北省石家庄市中级人民法院一审宣判，三鹿集团作为单位被告，犯了生产、销售伪劣产品罪，被判处罚款 4937 余万元。涉嫌制造和销售含三聚氰胺的张玉军、高俊杰及耿金平 3 人被判处死刑，薛建忠无期徒刑，张彦军有期徒刑 15 年，耿金珠有期徒刑 8 年，萧玉有期徒刑 5 年。

（六）引导应对简析

"三聚氰胺"事件的核心问题是质量问题，质量是一个企业的生命。但是从危机公关角度来看，三鹿集团作为一个大企业，在面对突如其来的危机时，没能正确地对待危机，没能合理有序地开展危机公关活动。下面我们将从处理危机公关的原则出发，结合案例，分析三鹿此次危机公关失败的原因。

1. 违背了承担责任原则。从 2008 年 3 月份各地出现泌尿结石幼儿到 2008 年 9 月 11 日奶粉问题被曝光期间及之后，三鹿集团没有对这一事件予以重视、也没对问题原因真相进行深入调查，而且也没站出来承担错误，承担应有的责任。而是采取拖延、瞒报、封口等手段，掩盖事实真相。在三鹿集团的产品被检查出有问题后，还以部分不法奶农在原乳中掺入三聚氰胺进行辩解，明显在逃避责任。三鹿集团这种忽略食品安全问题、忽视患婴生命安全的行为，是缺乏社会责任感的表现。在本案中，三鹿集团在第一时间就完全否认自己的责任，甚至将责任推给家长没有科学哺育。危机发生后，公众和媒体往往在心中已经有了一杆秤，对企业有了心理上的预期。因此企业绝对不能选择对抗，态度至关重要。而三鹿的态度却恰恰相反。

2. 违背了真诚沟通原则。事发之后，三鹿集团一直没给予消费者与媒体一个合理的解释，面对结石婴儿数量的上升，三鹿终于作了回应，但态度却是回避问题，隐瞒真相。把原因归结为部分不法奶农，在检查出自己的产品含有三聚氰胺后，没有把消息对外公布，并说谎称已经委托甘肃质监局进行检查，其产品符合国家质量标准，这一谎言在甘肃质监局的声明中被拆穿。这与 2008 年 9 月 11 日卫生部等相关部门高度怀疑三鹿奶粉受到三聚氰胺污染的时候，三鹿集团称经公司自检发现2008年8月6日前出厂的部分批次三鹿牌婴幼儿奶粉受到三聚氰胺的污染发生了矛盾。三鹿第一时间否认自己奶粉质量有问题，几个小时后又承认自检发现部分批次三鹿婴幼儿奶粉受三聚氰胺污染。当企业处于危机旋涡中时，就成为公众和媒体的焦点。显然，三鹿集团缺少与消费者和媒体的真诚沟通。

3. 违背了速度第一的原则。自2008年3月各地陆续出现泌尿结石幼儿，到2008年9月11日问题奶粉被曝光，留给三鹿集团的时间足足有半年之长，但三鹿方面却没有及时采取积极主动的应对策略。兰州的中国人民解放军第一医院泌尿科自2008年6月28日以来，收治了14名患有相同疾病的不满周岁的婴儿。如果是一家机构健全的企业，就不可能在媒体曝光前没有发现问题，关键是重视不重视。媒体曝光后，倒急急忙忙地、前后矛盾地发布回应。

4. 违背了系统公关原则。三鹿集团对事件处理时，既没有配合有关部门的检查也没有在媒体上发表公开声明，其对媒体的回应观点不统一，前后矛盾，漏洞百出，只是自说自话。在事实面前把责任推给不法奶农，还声称已经委托了甘肃质监局进行检查，其产品符合国家质量标准，最终谎言被揭穿，顾此失彼，使危机处理困难重重。且在之前，三鹿集团自检发现2008年8月6日前出厂的部分批次三鹿牌婴幼儿奶粉受到三聚氰胺的污染，不但没有采取积极主动的应对措施，而是继续进行销售，这更加重了危机的处理难度。

5. 违背了权威证实原则。在整个事件处理过程中，三鹿集团都在消极应对事实真相，没有权威机构出来为其证实，一直在自圆其说。虽然企业自己说已经委托甘肃质监局进行检查，其质量符合国家质量标准，但甘肃质监局没有站出来说话，最终谎言在甘肃质监局的新闻发布会上被拆穿，使得消费者对"品牌"的信任丧失，媒体也不断爆料负面消息，政府在迫于真相和压力面前，加人了对此事件的监督力度，致使三鹿集团面临严重危机，最终导致破产。

综上可知，由于三鹿集团在面临质量危机时，既没有妥善处理质量问题，也没有及时应对事件，使其危机愈演愈烈，最终全面爆发，也最终导致了三鹿集团的破产。质量无泪，企业成功的原因有很多个，而一个质量问题就可能导致企业破产。

表 2 - 3 - 6 "三聚氰胺" 事件的关键时间点

日　期	标　题	来　源
2008 年 9 月 16 日	央视报道 69 批次婴儿奶粉含三聚氰胺	腾讯网
2008 年 10 月 28 日	"三聚氰胺" 事件冲击食品添加剂行业	新浪网
2008 年 12 月 29 日	"三聚氰胺" 事件中失败的远不止于乳业	凤凰网
2009 年 1 月 1 日	三鹿 "三聚氰胺奶粉" 事件全过程回放	搜狐网

88

注：本事件来源于多个文献，主要有：

王二朋：《食品安全事件冲击下的消费者食品安全风险感知与应对行为分析——以 "三聚氰胺" 事件的冲击为例》，南京农业大学博士论文，2012 年；李冰：《三鹿中国乳业抹不去的耻辱记忆》，《北京商报》2012 年 3 月 15 日；沈颖等：《三鹿曝光前被遮蔽的十个月》，《南方周末》2009 年 1 月 8 日。

第三章 汽车行业质量网络监测报告

本报告从消费者的视角，挖掘消费者对各类汽车的评价信息。报告共涉及 26 家汽车企业、44 个品牌和 229 个产品，26 家汽车企业分别是通用、福特、大众、宝马、奔驰、PSA、本田、丰田、日产、马自达、现代、比亚迪、奇瑞、吉利、上汽、长城、东风、铃木、一汽、力帆、东南、长安、江淮、海马、众泰、中华等企业。共获得有效数据 323105 条。本报告以学术研究为目的，只列出 10 家汽车企业及其品牌，在重点汽车企业质量网络数据分析中以两家汽车企业为例来分析。文中用"CAR + 序号"代替具体汽车企业，例如 CAR 1 来表示汽车企业集团 1；汽车品牌用"BRAND + 编号"来表示，例如 BRAND 1、BRAND 2、BRAND 3；车型用"Type + 编号"，例如 Type 1、Type 2、Type 3。

第一节 汽车行业基本信息

一 汽车总体信息计量

2012 年，深度网质量安全信息监测与预警平台监测到汽车产品相关质量安全信息共计 323105 条。其中安全性相关信息 6307 条，占行业总体信息数量的 3%；产品性能 16005 条，占 6%；经济性 26748 条，占 11%；服务质量 58827 条，占 25%；运营质量 113760 条，占 48%；公众形象 15221 条，占 7%。可知汽车质量安全总体状况中，除运营质量和服务质量比较突出外，其他维度的质量安全评价指标相对比较平稳（见图 3-1-1）。

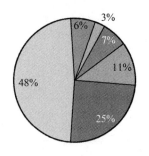

安全性 产品性能 经济性 服务质量 运营质量 公众形象

图 3 - 1 - 1   汽车六大维度比率

从质量风险一级维度来说，涉及运营质量信息的数据占比最大，为 48%。服务质量信息占比其次，占总比的 25%；其他各类指标基本平稳。从汽车品牌角度分析汽车的质量风险，其中涉及 BRAND 3 这一品牌的安全质量信息数据量最大，为 29856 条。关于 BRAND 8、BRAND 16 这两大品牌的质量安全信息数据分别为 24129 条、23423 条。

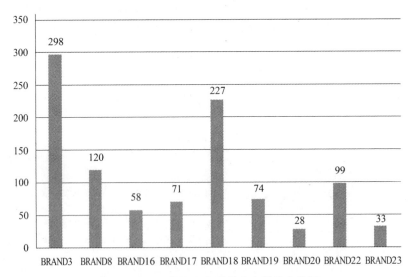

图 3 - 1 - 2   部分汽车品牌安全性信息数据

根据深度网"质量安全网络监测与预警平台"挖掘的数据显示，部分汽车企业和汽车品牌的六维度质量风险信息数量主要集中在服务质量和运营质量上，对于汽车安全性反映的信息量较小（见图 3 - 1 - 2）。具体情况如表 3 - 1 - 1 所示。

表 3 - 1 - 1　　　　　部分汽车企业及其品牌六维度数据　　　　（单位：条）

汽车企业	汽车品牌	安全性	产品性能	经济性	服务质量	运营质量	公众形象	综合	总量
CAR 2	BRAND 3	298	328	503	2681	4715	330	21001	29856
CAR 4	BRAND 8	120	366	725	1136	2733	283	18766	24129
CAR 7	BRAND 16	58	455	692	1786	3257	643	16532	23423
CAR 8	BRAND 17	71	282	435	779	1718	347	16294	19926
CAR 9	BRAND 18	227	519	891	1174	1176	288	10702	14977
CAR 10	BRAND 19	74	85	258	500	1241	81	12733	14972
CAR 11	BRAND 20	28	106	243	1707	2582	298	9687	14651
CAR 13	BRAND 22	33	98	184	581	1950	310	8729	11885
CAR 14	BRAND 23	58	103	434	802	1592	212	8519	11720
CAR 6	BRAND 13	41	98	514	687	1956	149	7613	11063

二　汽车品牌六大维度分析

通过对汽车品牌信息的总体统计，我们发现在安全性、产品性能、经济性、服务质量、运营质量、公众形象六个维度中，运营质量是消费者最为关注的，其信息量有 113760 条，约占总量的 74%。其次是汽车的服务质量，收集到的数据有 58827 条，约占总量的 14%（见图 3 - 1 - 3，图 3 - 1 - 4）。

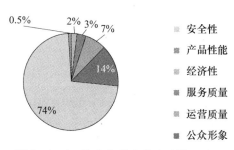

0.5%　　2%　3%　7%

14%

74%

安全性
产品性能
经济性
服务质量
运营质量
公众形象

图 3 - 1 - 3　汽车行业六维度总量百分比

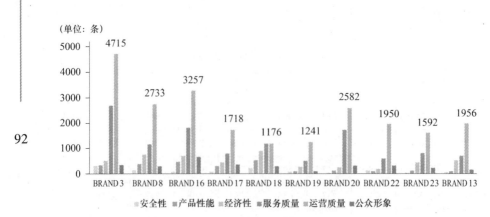

图 3 - 1 - 4 10个汽车品牌质量风险信息六大维度

（一）汽车品牌安全性子维度相关分析

据深度网检测平台数据显示，在安全性一级维度的不安全感、性状改变和身体伤害三个二级维度中，消费者对于汽车的不安全感因素最为关注，信息量为1629条，占安全性总体的77%（见图3-1-5）。一系列的"召回门"事件增加了消费者对于汽车质量安全的疑虑，自身对于汽车的不安全感因素也相应增加。

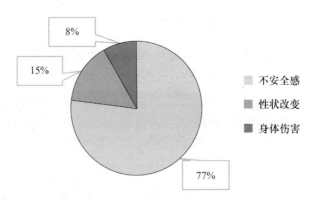

图 3 - 1 - 5 安全性子维度百分比分析

以汽车行业中选取10个品牌为代表分析，其中BRAND 3品牌的关于不安全感因素的信息量最大，为242条；其次是BRAND 18品牌，信息量有158条（见图3-1-6）。

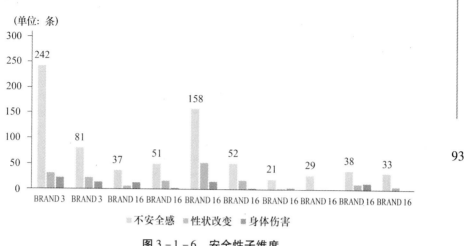

图 3-1-6 安全性子维度

（二）汽车品牌产品性能子维度相关分析

据深度网检测平台数据显示，关于汽车产品性能一级维度的感官评价、易用性、可靠性这三个二级维度中，消费者对于汽车的感官评价信息数据反馈量最大，有 3563 条，约占产品性能总量的 68%（见图 3-1-7）。

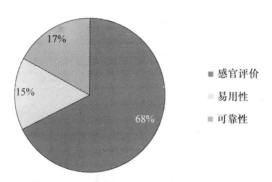

图 3-1-7 产品性能子维度百分比分析

选取汽车行业中 10 个品牌为代表分析，涉及的汽车品牌有 44 个，其中 BRAND 18、BRAND 16、BRAND 8 这三大品牌的信息数据量最大，分别为 519 条、455 条、366 条（见图 3-1-8）。

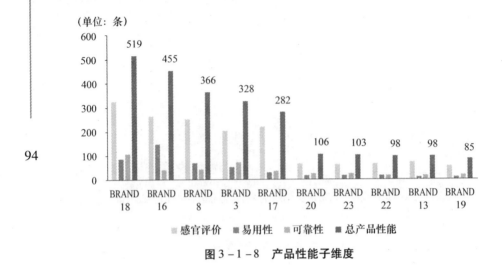

（单位：条）

图 3 - 1 - 8 　产品性能子维度

94

（三）汽车品牌经济性子维度相关分析

汽车经济性一级维度包含使用成本、品种多样性、性价比这三个二级维度。其中，消费者对于汽车的感官评价信息数据反馈量最大，有 4822 条，约占经济性信息总量的 50%（见图 3 - 1 - 9）。

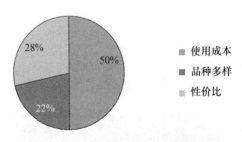

图 3 - 1 - 9 　经济性子维度百分比分析

选取汽车行业中 10 个品牌为代表分析，涉及的 44 个汽车品牌中 BRAND 18、BRAND 8、BRAND 16 这三大品牌的信息数据量最大。其中 BRAND 18 信息数据最多为 891 条。经济性子维度中，使用成本质量风险的信息总量最多。

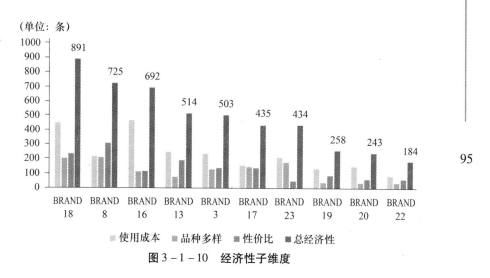

图 3 - 1 - 10　经济性子维度

(四) 汽车品牌服务质量子维度相关分析

据深度网检测平台数据显示，关于汽车服务质量一级维度的客服系统、从业人员、服务环境、便利性这四个二级子维度中，消费者对于汽车的客服系统信息数据反馈量最大，有 20342 条，约占服务质量总比的 89% (见图 3 - 1 - 11)。

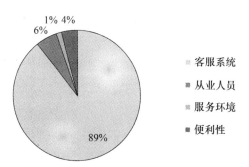

图 3 - 1 - 11　服务质量子维度百分比分析

选取汽车行业中 10 个品牌为代表分析，涉及的 44 个汽车品牌中 BRAND 3、BRAND 16、BRAND 20 这三大品牌的信息数据量最大，分别为 2681 条、1786 条、1707 条 (见图 3 - 1 - 12)。在服务质量维度中，消费者对客服系统的评价信息数量最多，这主要与汽车的特性有关。在汽车出现安全质量问题时，消费者首先会找相关汽车品牌的售后服务。

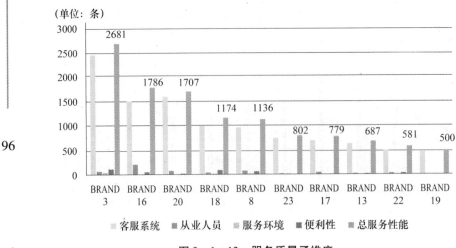

图 3 - 1 - 12　服务质量子维度

（五）汽车品牌运营质量子维度相关分析

据深度网检测平台数据显示，关于汽车运营质量一级维度的人文环境、社会责任与环保、人力资源、管理水平这四个二级子维度中，消费者对于汽车的管理水平信息数据反馈量最大，有 27506 条，占运营质量总比的 61%。

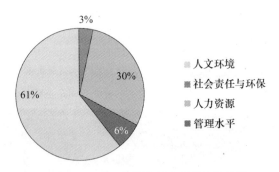

图 3 - 1 - 13　运营质量子维度百分比分析

选取汽车行业中 10 个品牌为代表分析，涉及的 44 个汽车品牌中 BRAND 3、BRAND 16、BRAND 8 这三大品牌的信息数据量最大，分别为 4715 条、3257 条、2733 条。在运营质量维度中，消费者对管理水平的评价信息数量最多，因为汽车的质量问题并不只是汽车企业的生产技术问题，更多地可以从侧面反映出汽车企业内部的管理制度和管理水平出现了问题。

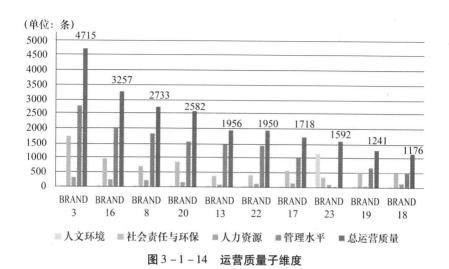

图 3-1-14　运营质量子维度

（六）汽车品牌公众形象子维度相关分析

据相关数据统计，关于汽车公众形象一级维度的外部沟通、企业口碑、管理者形象三个二级子维度中，消费者对于汽车的企业口碑信息数据反馈量最大，有 5784 条，占公众形象总比的 97%（见图 3-1-15）。

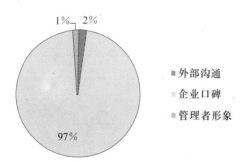

图 3-1-15　公众形象子维度百分比分析

选取汽车行业中 10 个品牌为代表分析，涉及的 44 个汽车品牌中 BRAND 16、BRAND 17、BRAND 3 这三大品牌的信息数据量最大，分别为 643 条、347 条和 330 条（见图 3-1-16）。在汽车品牌的公众形象维度中，消费者更多的关注企业的口碑，因为口碑在一定程度上能够反映一个企业的质量水平。而外部沟通和管理者形象方面的信息较少。

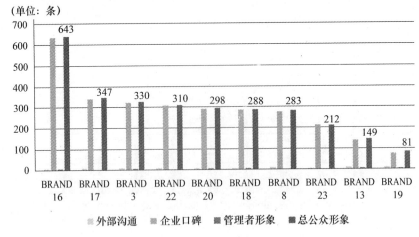

（单位：条）

图 3 - 1 - 16　公众形象子维度

三　合资品牌与自主品牌的维度分析

（一）汽车合资品牌与自主品牌质量风险信息对比分析

据质量网络信息监测平台数据显示，涉及的 44 个品牌汽车 229 个车型，在安全性、经济性、服务质量、产品性能、运营质量、公众形象六大维度的信息数据中，合资品牌的信息量占总比的 61%，自主品牌的信息量占总比的 39%（见图 3 - 1 - 17）。

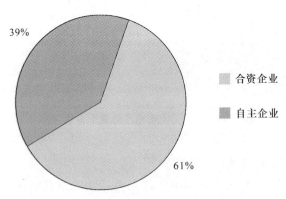

图 3 - 1 - 17　质量网络信息监测平台的合资品牌与
自主品牌质量风险信息比率

　　据中国汽车质量网络统计，2012 年合资品牌投诉占主导地位。从相关数据分析，合资品牌在 2012 年投诉量最高，占到总投诉量的 65%，与 2011 年 61% 相比，占比有所增加（见图 3 - 1 - 18）①。

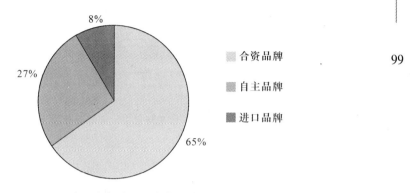

图 3 - 1 - 18　中国汽车质量网合资品牌与自主品牌投诉比率

　　中国汽车质量网认为，主要原因是由于合资品牌出现多起集体投诉案例，涉及发动机、变速箱、空调系统等多项问题，看来 2012 年合资品牌在产品设计、生产工艺以及配件供应上并未好转，依然存在一定不足，产品存在缺陷。

　　（二）汽车合资品牌与自主品牌六大维度信息对比分析

　　由相关数据可知，汽车合资品牌质量安全信息量总体上大于自主品牌，其中在运营质量、服务质量两大维度上，两种类型品牌的相差性最大。合资的汽车品牌关于运营质量的相关信息有 25253 条、关于服务质量的信息数据有 14027 条，自主品牌汽车关于运营质量的信息量为 20077 条、关于服务质量的信息数据有 8767 条（见图 3 - 1 - 19）。当然，这里选择的汽车企业和品牌，未必能够完全代表合资和自主两类车型，但是这些汽车质量风险信息反映了一种竞争态势。

---

　　① 《2012 年度中国汽车质量网车主投诉分析报告》，中国汽车质量网（http//：www. 12365auto. com, 2013 - 01）。

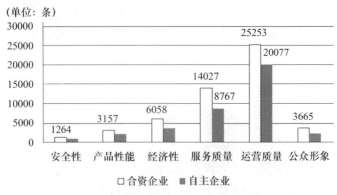

图 3 – 1 – 19　合资与自主六大维度分析

第二节　重点汽车企业质量网络监测报告

一　汽车企业 CAR 1 年度质量分析报告

质量网络监测显示，该企业汽车产品质量存在一定的问题，除服务质量和运营质量外，其他各个维度的质量风险问题比较平稳。服务质量和运营质量问题与 2012 年 CAR 1 企业所发生的质量事件密不可分，由此引发外界对汽车企业 CAR 1 质量管理方面的质疑。

根据统计，CAR 1 企业主要有 BRAND 1 和 BRAND 2 两个品牌。以 BRAND 1 品牌为代表的系列车型存在较多的质量安全问题信息，BRAND 1 的相关质量信息所占比例最高。汽车企业还需将精力集中在质量管理上，而质量管理更应该关注网络消费者反映的问题。

（一）总体信息量统计

2012 年，质量安全信息监测与预警平台共监测到 CAR 1 产品相关质量风险信息共计 3667 条，分布在安全性、产品性能、经济性、服务质量、运营质量和公众形象六个一级维度上。

从该汽车企业的质量六个一级维度占质量风险信息总量的百分比来说，服务质量信息 436 条，占六维度数据总量的 40%；运营质量 409 条，占六维度数据总量的 37%；经济性信息 109 条，占六维度数据总量的 10%；产品性能信息 71 条，占六维度数据总量的 7%；公众形象信息 49 条，占六维度数据总量的 4%；安全性信息 21 条，占六维度数据总量的

2%（见图 3 - 2 - 1）。

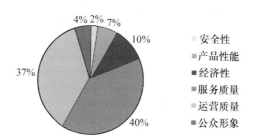

图 3 - 2 - 1　CAR 1 企业品牌质量风险占六维度数据总量的百分比

从品牌对比来看，BRAND 1 的相关信息达到 2519 条，BRAND 2 为 1148 条，BRAND 1 是 BRAND 2 品牌的两倍多，用户对于 BRAND 1 的 "声音" 更多些（见表 3 - 2 - 1）。

表 3 - 2 - 1　　　　　CAR 1 企业两个品牌质量风险六维度数据　　　（单位：条）

分类	类目	BRAND 1	BRAND 2	总量
安全性	不安全感	13	6	19
	性状改变	0	1	1
	身体伤害	1	0	1
	总量	14	7	21
产品性能	感官评价	26	7	33
	易用性	13	11	24
	可靠性	10	4	14
	总量	49	22	71
经济性	使用成本	46	15	61
	品种多样	8	4	12
	性价比	36	0	36
	总量	90	19	109
服务质量	客服系统	268	138	406
	从业人员	11	5	16
	服务环境	0	1	1
	服务便利性	9	4	13
	总量	288	148	436

分类	类目	BRAND 1	BRAND 2	总量
运营质量	人文环境	0	0	0
	社会责任与环保	102	57	159
	人力资源	12	0	12
	管理水平	188	50	238
	总量	302	107	409
公众形象	外部沟通	0	0	0
	企业口碑	39	9	48
	管理者形象	1	0	1
	总量	40	9	49
综合		1736	836	2572
总量		2519	1148	3667

1. 年度地区信息分布。本年度质量风险信息最高地区分布在北京、广州、上海这三个地区，数量分别为 746 条、547 条、542 条。前 10 名中其余地区数量差异不大。

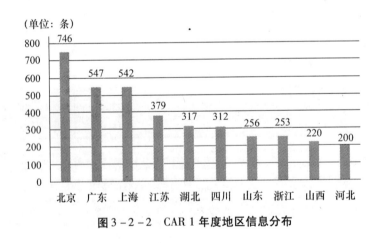

图 3-2-2 CAR 1 年度地区信息分布

2. 媒体关注度排名。年度媒体关注排名中，排在前三的分别是腾讯网、搜狐网和新浪网（见图 3-2-3）。可以看出四大门户中有三个都做了汽车栏目。这些汽车网站对汽车品牌的传播，引起了汽车用户的广泛关注。

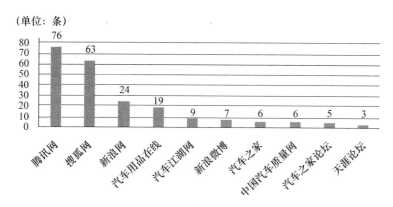

（单位：条）

图 3 - 2 - 3　媒体关注度排名

3．品牌或产品

通过对 CAR 1 企业的所有产品进行统计，发现 BRAND 1 的车型 Type 1 和 BRAND 1 的车型 Type 2 出现的频数最高为647 次、624 次，其次是 Type 3（见图 3 - 2 - 4）。由此可以看出，BRAND 1 的销量和购买人群最多，同时用户对于汽车 BRAND 1 的车型 Type 10 和 BRAND 2 的车型 Type 11 这两款车的"声音"较少。

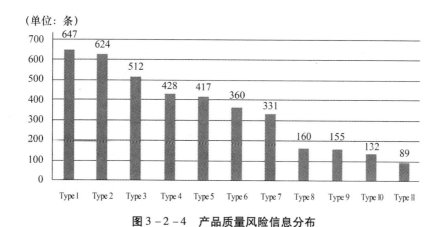

（单位：条）

图 3 - 2 - 4　产品质量风险信息分布

（三）汽车企业 CAR 1 的品牌 BRAND 1 质量分析报告

1．总体信息量统计。从质量风险占六维度数据总量的百分比如

图 3-2-17 来说，服务质量信息 345 条，占六维度数据总量的 46%；运营质量信息 272 条，占六维度数据总量的 36%；经济性信息 88 条，占六维度数据总量的 8%；产品性能信息 41 条，占六维度数据总量的 5%；公众形象信息 35 条，占六维度数据总量的 3%；安全性信息 12 条，占六维度数据总量的 2%。

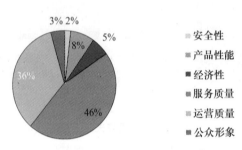

图 3-2-17　BRAND 1 质量风险六维度数据

2012 年，质量安全信息监测与预警平台共监测到该产品相关质量安全信息共计 2413 条。从质量风险一级维度来说，运营质量信息 374 条，占百分比最大；服务质量 355 条，占百分比其次；其他各类指标基本平稳。从质量风险二级维度来说，2012 年度监测到的有关 Type 1 型号的质量风险信息最多，达到 654 条。

表 3-2-2　　　　　CAR - BRAND 1 六维度网络质量信息　　　　（单位：条）

分类	类目	Type 7	Type 5	Type 1	Type 2	Type 6	Type 10	总量
安全性	不安全感	1	0	0	7	3	0	
	性状改变	0	0	0	0	0	0	
	身体伤害	0	0	1	0	0	0	
	总量	1	0	1	7	3	0	12
产品性能	感官评价	2	2	6	5	3	3	
	易用性	2	1	3	1	5	0	
	可靠性	2	0	2	1	3	0	
	总量	6	3	11	7	11	3	41

分类	类目	Type 7	Type 5	Type 1	Type 2	Type 6	Type 10	总量
经济性	使用成本	5	5	21	9	6	4	
	品种多样	0	0	2	1	3	0	
	性价比	1	3	11	7	4	6	
	总量	6	8	34	17	13	10	88
服务质量	客服系统	39	62	74	112	37	3	
	从业人员	1	1	3	6	0	0	
	服务环境	0	0	0	0	0	0	
	服务便利性	0	4	1	1	1	0	
	总量	40	67	78	119	38	3	345
运营质量	人文环境	0	0	0	0	0	0	
	社会责任与环保	2	13	37	16	15	4	
	人力资源	1	1	0	2	2	1	
	管理水平	10	13	67	53	32	3	
	总量	13	27	104	71	49	8	272
公众形象	外部沟通	0	0	0	0	0	0	
	企业口碑	4	2	23	5	1	0	
	管理者形象	0	0	0	0	0	0	
	总量	4	2	23	5	1	0	35
综合		251	268	403	363	241	94	1620
总量		321	375	654	589	356	118	2413

105

2. 年度地区排名。本年度质量风险最高数分布在北京、上海、广东这几个地区，数量分别为 521 条、415 条、396 条（见图 3 - 2 - 18）。可以推测出这与地区汽车总数有关，总数越大，概率越高。前 10 名中其余的都比较平稳，波动不大。

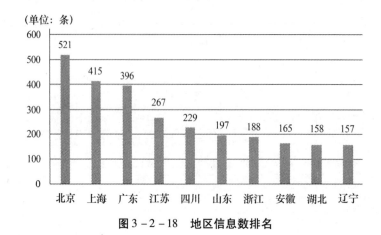

图 3 - 2 - 18　地区信息数排名

3. 媒体关注度排名。年度媒体关注排名中（见图 3 - 2 - 19），以腾讯网为主，其次为汽车江湖网，相比较乳制品在新浪微博上的广泛传播，汽车质量问题在新浪微博上很少，而且与汽车相关的网站风险信息也比较少。

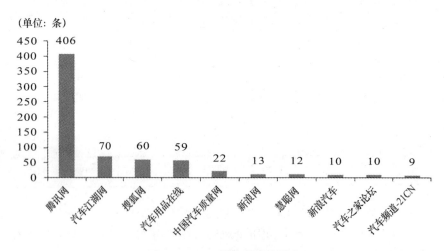

图 3 - 2 - 19　媒体关注度排名

4. 品牌或产品。通过对 BRAND 1 企业的所有产品进行统计（见图 3 - 2 - 20），发现 Type 1 出现的频数最高为 654 次，其次是 Type 2。由此可以看出 Type 1 的销量和购买人群最多，是汽车企业 CAR 1 品牌 BRAND 1 卖得最好的一款车型，同时用户对于 Type 10 和 Type 7 这两款车型的"声音"较少，满意度较高，相反另外几款车位居榜首，质量等问题有待分析。

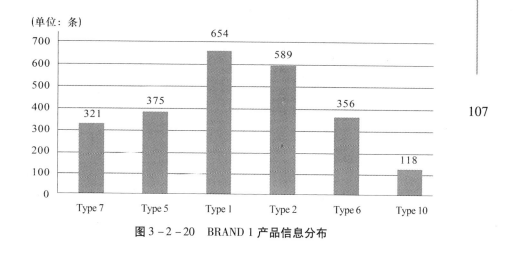

图 3 - 2 - 20 BRAND 1 产品信息分布

二 汽车企业 CAR 2 质量分析报告

CAR 2 汽车是一家总部位于德国沃尔夫斯堡的汽车制造公司，也是世界四大汽车生产商之一的 CAR 2 集团的核心企业。而 CAR 2 汽车变速箱存在行驶中动力消失的问题。CAR 2 旗下很多车型使用了这种变速器，在国内，BRAND 3 的 Type 5、Type 3，BRAND 4 的 Type 6、Type 9，BRAND 6 的 Type 11、Type 12 等多个品牌都采用了 7 挡变速器的车型。CAR 2 准备召回 38.4 万辆 DSG 车辆，但尚有部分遭遇同样问题的车主未被涵盖在召回范围内。有很多 CAR 2 车主，他们毫无例外都遭遇过动力中断等问题，但因为生产时间不在 CAR 2 公布范围之内，或车架号信息显示不属于召回范围，他们均被召回"拒之门外"。

（一）总体信息量统计

2012 年，质量安全信息监测与预警平台共监测到 CAR 2 产品相关质量安全信息共计 35225 条（见表 3 - 2 - 4）。

从质量风险一级维度来看（见图 3 - 2 - 37），其中，运营质量百分比为 52%，服务质量百分比为 32%，经济性百分比为 6%，产品性能百分比为 4%。

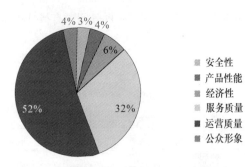

图 3 - 2 - 37　CAR 2 企业品牌质量风险占六维度数据总量的百分比

从质量风险一级维度来说，运营质量信息 5511 条，占百分比最大；服务质量 3491 条，占百分比其次；其他各类指标基本平稳。从品牌维度来看，BRAND 3 的相关信息达到 29856 条，其他品牌则要少很多，反映出 CAR 2 对 BRAND 3 的重视。

表 3 - 2 - 4　　　　　　　CAR 2 企业品牌质量风险六维度数据　　　　（单位：条）

分类	类目	BRAND 4	BRAND 3	BRAND 6	BRAND 5	总量
安全性	不安全感	29	242	1	24	296
	性状改变	3	32	0	4	39
	身体伤害	3	24	0	0	27
	总量	35	298	1	28	362
产品性能	感官评价	33	203	2	12	250
	易用性	8	53	1	5	67
	可靠性	8	72	3	3	86
	总量	49	328	6	20	403
经济性	使用成本	58	236	10	24	328
	品种多样	31	128	11	10	180
	性价比	31	139	6	8	184
	总量	120	503	27	42	692

分类	类目	BRAND 4	BRAND 3	BRAND 6	BRAND 5	总量
服务质量	客服系统	479	2453	199	85	3216
	从业人员	8	72	0	3	83
	服务环境	5	43	2	3	53
	服务便利性	24	113	1	1	139
	总量	516	2681	202	92	3491
运营质量	人文环境	1	16	1	0	18
	社会责任与环保	208	1724	63	75	Type70
	人力资源	14	200	1	8	223
	管理水平	328	2775	37	60	3200
	总量	551	4715	102	143	5511
公众形象	外部沟通	1	9	0	0	10
	企业口碑	30	319	1	6	356
	管理者形象	3	2	0	0	5
	总量	34	330	1	6	371
综合		1305	21001	729	1360	24395
总量		2610	29856	1068	1691	35225

1. 年度地区信息排名。本年度质量风险信息数量最高的分别分布在北京、上海、广州这三个地区，数量分别为 7610 条、5877 条、5304 条。我们可以看到北京、上海、广州这三个经济比较发达的地区都位列其中，我们也可以推测出这与地区汽车总数有关，总数越大，问题概率越高。前 10 名中其余的都比较平稳，波动不大（见图 3–2–38）。

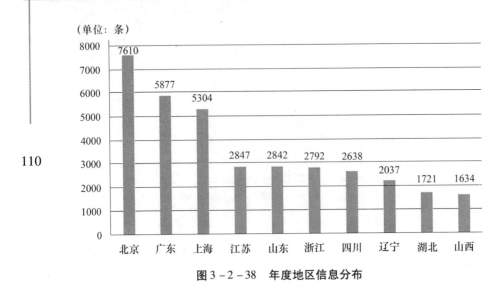

图 3 - 2 - 38   年度地区信息分布

2. 媒体关注度排名。年度媒体关注排名中（见图 3 - 2 - 39），以腾讯网为主，新浪、搜狐网为辅广泛传播，我们可以看出四大门户中有三个作了汽车问题相关信息的载体，其次就是与汽车相关的网站等进行传播，虽然数量不多但仍然可以引起汽车用户的关注。

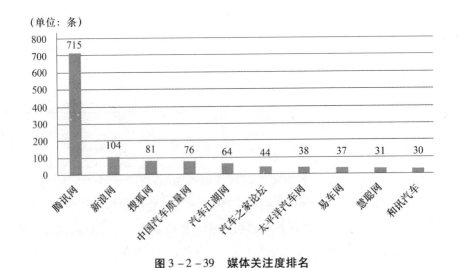

图 3 - 2 - 39   媒体关注度排名

3. 品牌或产品。通过对 CAR 2 企业的所有产品进行统计（见图 3 - 2 - 40），发现 Type 2 的数据为 1880 条，远远多于其他品牌。说明 CAR 2

获得的关注度非常高。而且用户的忠诚度也非其他品牌能及。

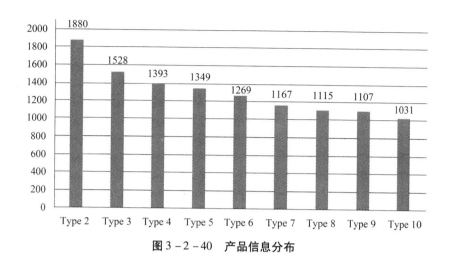

图 3 - 2 - 40 产品信息分布

（二）六个维度质量风险分析

1. 安全性维度。从安全性维度百分比如图 3 - 2 - 41 可以看出，所有品牌的不安全感百分比占总百分比的 82%，数量 296 条：其次性状改变占 11%，数量 39 条；身体伤害占总百分比的 7%，数量 27 条。

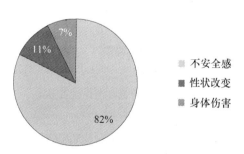

图 3 - 2 - 41 安全性维度百分比

从安全性信息汇总如图 3 - 2 - 42 上可以看出，BRAND 3 的不安全感指数是最高的，为 242 条，而不安全感总数仅为 296 条，BRAND 3 占到了约 3/4 的比重。而在四款车中，BRAND 6 和 BRAND 5 均表现良好，没有出现较大问题，尤其是 BRAND 6，无论是不安全感、形状改变抑或是身体伤害方面，最多为 1 条记录。而且这款车在用户的"声音"中也是最低的。

（单位：条）

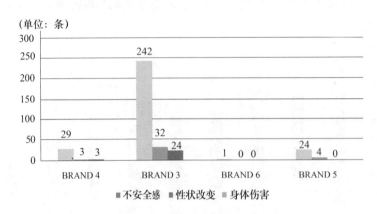

图 3 - 2 - 42　安全性信息汇总

2. 产品性能维度。从产品性能维度百分比如图 3 - 2 - 43 可以看到：感官评价占百分比为 62%，数量为 250 条；可靠性占百分比为 21%，数量 67 条；易用性占百分比为 17%，数量为 86 条。

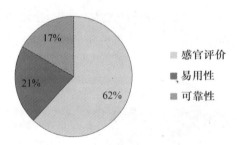

图 3 - 2 - 43　产品性能维度百分比

从产品性能信息汇总如图 3 - 2 - 44 上可以看到，依旧是 BRAND 3 在三项指标中占最高比例，这说明一方面 BRAND 3 的销量是全年最高的；另一方面也说明 BRAND 3 的质量问题有待考究。只有频繁接触此类产品的消费者才会对产品提出问题，主要从易用性和感官评价两个方面对产品进行性能评价。所以企业在生产销售上也可以根据这些方面进行调整。

在感官评价和易用性上也是 BRAND 3 的比例最高，而在此前也是该品牌的不安全感指数最高，所以，我们可以看出这不仅仅是汽车自身问题，也是在销量基数大的情况下概率被放大的缘故。

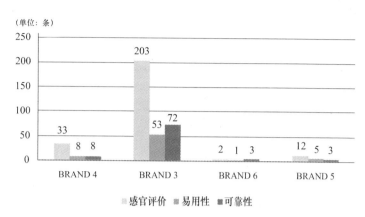

（单位：条）

图 3 - 2 - 44　产品性能信息汇总

3. 经济性维度。经济行维度百分比如图 3 - 2 - 45 来看，各品牌因素都达到一定数量。其中使用成本占百分比 47%，数量为 328 条；性价比占百分比 27%，数量为 184 条；品种多样占百分比 26%，数量为 180 条。

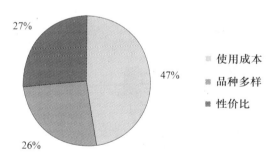

图 3 - 2 - 45　经济性维度百分比

经济性维度从总体来看，在使用成本因素上出现的问题最多（见图 3 - 2　46），这其中依旧以 BRAND 3 为代表占了总体的大部分数量，人们的"声音"来自于汽车日常使用成本，这说明这两款车在使用成本上有着较高的价格；其次在性价比上 BRAND 3 表现突出，而 BRAND 6 的数据为 10，这说明用户在考虑性价比时 BRAND 3 所占份额大，是用户首要考虑的对象。

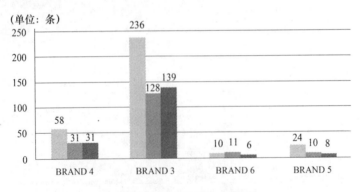

（单位：条）

图 3 - 2 - 46　经济性能汇总

4. 服务质量维度。从服务质量维度百分比如图 3 - 2 - 47 来看，客服人员行为态度也影响服务形象。其中客服系统占总百分比达到 92%，数量为 3216 条；从业人员占百分比为 2%，数量为 83 条；服务便利性占百分比为 4%，数量为 139；服务环境占百分比为 2%，数量为 53 条。

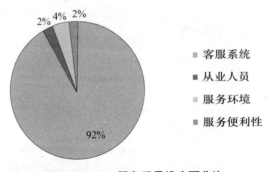

图 3 - 2 - 47　服务质量维度百分比

年度服务质量仍然以 BRAND 3 为首（见图 3 - 2 - 48），这与安全性有密切关系。当产品出现问题，很多人就会联系客服人员。所以客服人员的行为也影响着企业的形象和口碑，在出现问题最多的 BRAND 3，服务质量问题毫无疑问也会出现最多。因此企业在分配客服人员时也应该作出相应调整。

服务质量的问题主要体现在客服系统上，比如当有消费者打电话投诉BRAND 3 的产品时，客服人员消极回复或者不及时解决问题，都将导致客服系统问题的增加。

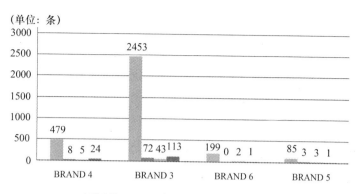

图 3-2-48　服务质量汇总

5. 运营质量维度。运营质量维度百分比如图 3-2-49 体现出来，其中管理水平占总百分比数为 58%，数量为 3200 条；社会责任与环保百分比为 37%，数量为 2070 条；人力资源占 6%，数量为 223 条；人文环境数量较少只有 18 条，无法体现出来。

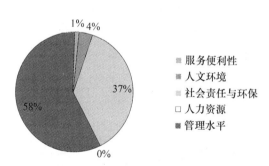

图 3-2-49　运营质量维度百分比

运营质量仍然在 BRAND 3 上出现的次数最多（见图 3-2-50），这与安全性也有密切关系，大部分安全问题可以看作是企业的社会责任问题。出现安全问题也就是不重视社会责任的表现。

运营质量由 4 个维度构成，其中占比重最大的是社会责任与环保，这一项与安全性有密切关系，当 BRAND 3 产品出现质量问题时也可以看作是 CAR 2 公司的社会责任问题。汽车是人们日常的交通工具，如果出现了问题也可以看作是企业不重视社会责任的问题。管理水平在运营质量里也占较大比重，说明 CAR 2 在管理上也出现了较大问题，这也可以和企业出现质量问题联系起来，企业出现问题肯定与企业管理上有关。

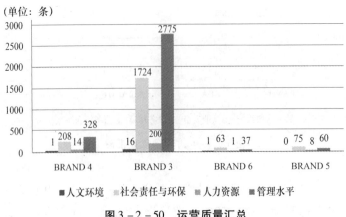

图 3 - 2 - 50　运营质量汇总

6. 公众形象维度。信息百分比如图 3 - 2 - 51 中：企业口碑占百分比例最大，总比例为 96%，数量 356 条；管理者形象百分比为 1%，数量为 5 条；外部沟通百分比为 3%，数量为 10 条。整体还是企业口碑影响公众形象。

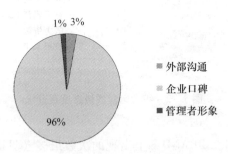

图 3 - 2 - 51　公众形象信息维度百分比

公众形象问题上 BRAND 3 依旧被卷入其中（见图 3 - 2 - 52）。因为 BRAND 3 出现的安全问题最多，所以很多人对于产品的口碑会作出消极回应，口碑会降低，负面影响也增多。

公众形象方面，企业口碑是上升最大的一项，说明 CAR 2 企业的口碑在消费者心中没有变好的趋势。这也与企业出现的安全性问题、运营质量有关系。外部沟通方面，CAR 2 企业也很少做到和消费者、媒体进行良好的沟通。

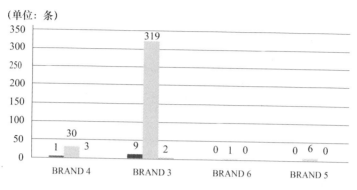

图 3 - 2 - 52　公众形象信息汇总

第三节　汽车行业热点事件

本研究事件选择的依据，主要来自 2012 年中国汽车质量网汽车质量安全事件排名。从本平台监测的 14 个重点事件中，选择了 1 个汽车关键事件。

一　热点事件 2：大众 DSG 变速箱之困事件

（一）舆情源头追踪

肩负着为中国消费者一年维一次权的央视"3·15"晚会曝光了旷日持久的大众汽车 DSG 变速器事件。第二天，中国质检总局即非常快速地作出反应：通过缺陷调查已基本认定 DSG 变速器存在缺陷，导致动力中断、安全隐患产生。通知大众汽车就 DSG 变速器动力中断故障问题实施召回。大众汽车（中国）的反应也相当快速，当天下午即在其官方微博上与一汽大众、上海大众联合发表声明：大众汽车将实施主动召回以解决 DSG 问题。有关召回具体细节，大众汽车将于近期公布。而截至记者发稿，大众汽车（中国）公关部最新回复为，对中国消费者表示歉意，召回申请已递交质检总局，有关召回具体细节将于近期公布。

（二）舆情演化进程

央视"3·15"晚会曝光的大众汽车DSG事件对于全国百万名DSG车主来说，早已不是什么新鲜事。2008年，大众在北美召回DSG时，就引发了国内车主的维权。2009年，大众在华召回了部分装备6速DSG的2009款迈腾。而导致此次召回的是7速干式双离合变速器，2011年起，开始有车主投诉DSG变速器存在异响、顿挫、抖动、动力中断等问题。2012年初，投诉越来越多，终于集中爆发。于是，2012年3月16日，大众发表声明称，配备7速双离合变速箱（DSG）车辆的客户，请到授权经销商进行软件升级。并表示，在特定条件下，尤其是在外界温度和湿度较高，以及车辆在长时间停放以后，个别车辆的变速箱机电控制单元阀门上可能会出现结晶现象，因此导致发动机启动后无法挂挡，车辆无法行驶。通过软件免费升级服务，即可避免车辆出现上述现象。

在此举未能满足中国消费者需求的情况下，2012年5月23日，大众汽车（中国）宣布，将2012年12月31日前生产的DQ200（7速）和DQ250（6速）双离合变速箱的质量担保期延长至10年（或者16万公里）。事件到此似乎画上了句号，但2011年12月27日，大众汽车台湾总代理宣布对搭载7速DSG变速箱车型实施召回一事，再次引起了大众汽车区别对待消费者的质疑。尽管大众汽车（中国）对此回复说，台湾召回的实质与大陆服务升级一样，并表示DSG依然是技术最先进的变速箱，不会停止使用。

（三）网络传播节点

2011年12月，国家质检总局缺陷产品管理中心共收到汽车产品缺陷信息投诉8840例，DSG变速箱抖动、顿挫问题排在首位。

2012年3月，大众汽车对外发布公告，启动对国内使用7速DSG变速器车辆的客户提供软件升级服务。

2012年3月，质检总局官方网站发出消息《质检总局执法司负责人就DSG变速器故障问题再次约谈大众公司》，就质检总局执法司再次约谈大众公司的相关内容进行了阐述。

2012年4月，国家质检总局缺陷产品管理中心宣布，向全社会公开征集大众汽车DSG变速器故障信息。

2012年5月，大众官方发布声明宣布推出DSG变速箱质保服务延长至 10 年或 16 万公里。

2013 年 3 月 15 日，央视"3·15"晚会曝光大众汽车 DSG 存在故障，可致汽车在行驶过程中突然失速或加速。

2013 年 3 月 20 日，大众宣布召回 DSG 问题车型，涉及尚酷、高尔夫、速腾、迈腾、奥迪等，共计 384181 辆。

2013 年 3 月 21 日，大众经销商开始整理客户名单，对于已交订金但尚未提车的客户，可以无条件退还订金。

2013 年 3 月 25 日，大众汽车对 DSG"选择性"召回，尚有部分遭遇同样问题的车主未被涵盖在召回范围内。

2013 年 3 月 26 日，召回被指区别对待，大众称曾于 2012 年年底实施了一项优化方案，但并未达到预期效果。

（四）多方意见汇总

《经济之声》评论员包华：目前一汽大众没有拿出彻底解决问题的方法，只能是出现问题再更换，延迟问题的发生，其实根本点还应该是技术问题。

一汽大众能够正视问题，消费者还是可以接受的。但关键在于如果技术问题不解决，消费者永远会开着一个具有瑕疵、不能够完全保证安全的车辆，这很危险。而记者和消费者收到的一汽大众客服和 4S 店回复不同，这中间就存在信息不对称的内容，所以还得需要现在的经销商解决信息对称的问题。

核心技术本来应该是核心竞争力，一方面，大众需要通过核心技术彰显自己的价值；另一方面又要保证对方安全，尤其是在双方信息不对称的情况下。所以这方面就会非常难。大众公司应该把自己的核心技术真正做成对消费者有益的核心技术，而不是对消费者进行隐瞒。

大众可以做得更好，完全有能力做得更好。既然有能力、有空间，它至少可以给出技术上如何推进的时间表，同时明确告知购车人，今后在购车时对于细节应该进行关注，或者给予一定指导，否则消费者会有扩大性损失。而且给予消费者提示和警告，短时间内会影响销量，但是可以在消费者心中树立起大众的品牌形象，品牌不会因此而受到任何贬损。同时消费者也会更加愿意接受大众的新产品，消费者和大众是可以实现双赢的。

某律师：我认为，这不是技术问题，而是态度问题。它的态度不体现在处理危机公关问题上，而是市场规划的态度存在问题。某些厂商为了利益把没有成熟的技术直接投放到市场上，实际上是拿消费者做试验，更是拿消费者的生命开玩笑。

案例中，消费者频繁更换零件是为了解决问题，不是为了更换而更换，单纯的更换没有从实质上解决技术障碍，消费者肯定是不满意的。并且"4S"店包括厂家在解决技术性问题的时候，往往是能小换就小换，能小修就小修，这当中会有巨大的利益差异，也反映出生产者包括生产者委托的维修商在对待消费者的问题上确实存在态度上的问题。

大众的一个卖点就是核心技术，现在所谓的变速箱出现了问题，很多消费者都在投诉，很多的消费者针对不同的批次提出过相应召回的申请，但质监总局答复说，目前无法确认是否存在需要召回的事由。但这并不表示消费者丧失了投诉和主张权利的机会。召回汽车是针对某一批次出现的统一性问题，如果消费者针对新的车型、新的批次发现存在类似的统一性问题，可以不断向相关部门也就是国家质检总局缺陷汽车质量管理中心进行投诉，由于消费者不断地依据法律主张权利，会有更好的结果出现。

国家质检总局新闻发言人：2012 年 3 月以来，质检总局一直对大众 DSG 变速器动力中断故障问题进行跟踪调查。同时，质检总局重点对动力中断问题开展了缺陷调查，先后征集故障信息 1 万余条，回访用户 3000 多名，开展现场调查 12 次，并对掌握的 DSG 故障件进行缺陷工程分析，组织专家论证 7 次，基本认定 DSG 变速器存在缺陷，会导致动力中断，并且产生安全隐患。2012 年 2 月 27 日，质检总局再次约谈大众公司，要求大众公司采取召回措施，尽快解决 DSG 故障问题。3 月 16 日，质检总局依法通知大众公司就 DSG 变速器动力中断故障问题实施召回。大众公司如果不履行法定义务，质检总局将责令召回。

清华大学汽车技术研究院：干式 DSG 问题属于设计缺陷，即使召回也不能解决问题；此次质检总局的行动具有里程碑式的意义，企业由主动召回变为被动召回，应该说质检总局要求企业召回这样的事情今后应该还会更多，也应该常态化。

（五）舆情发展态势

2012 年 3 月，大众汽车对外发布公告，启动对国内使用 7 速 DSG 变速器车辆的客户提供软件升级服务。

风波随即而来，没有实施召回，令消费者感到不满。众多消费者认为，大众的中外有别以及对问题产品不实施召回，是对中国消费者的不负责任。

为此，国家质检总局也曾出面，多次约谈大众公司负责人，并进行现场调查，组织专家分析论证，以期大众能够采取合理的措施。

迫于各方压力，大众公司于 2012 年 5 月 23 日发出官方声明，对中国市场销售的所有 2012 年 12 月 31 日之前生产的 DSG 变速器，延长质量担保期至 10 年或者 16 万公里。

此外，大众在 1 月 6 日的声明中也表示，针对 2013 年生产并销售的所有车辆所配备的 DSG 变速箱，在施行 4 年质保政策的基础上，同时再提供 6 年延长客户担保或累计 16 万公里的质量担保。

大众坚持不召回，只承诺延长质保期，导致了大众 DSG 事件的不断升级。看重成本压力、对技术缺陷的逃避、对消费者的不负责任等，各种指责随之而来。

但其实大众针对 DSG 并非始终避开"召回"。在 2009 年，大众对于 DSG 的问题实施了召回。而之后的问题，难道真是由于销量的大幅增加，导致大众考虑到成本因素，不实施召回？

上述大众汽车的相关人士认为，首先，两次问题所产生的产品是不同的，被召回的迈腾所使用的是大众 6 速湿式双离合变速器，之所以召回，的确是由于产品缺陷，并且通过召回能够解决问题。

"根据国际通行惯例，在技术上存在缺陷，或在 OEM 生产过程中存在失误，是要实施召回的。"相关人士告诉记者，但是大众在中国大面积发生问题的产品集中在其 7 速干式双离合变速器上，由于在中国的道路交通中，经常发生堵车，导致了传热性不好，以及发生顿挫等问题。

"这在技术上不能说是存在缺陷，而是在中国的道路条件下，干式双离合变速器存在可靠性较差的问题。"他认为，"这是大众在产品引入时没有充分估计当地市场的特性所导致的。"

至于召回，相关人士认为，目前的问题即使实施召回也不能从根本上解决，这可能是大众没有实施召回而只是延长质保期的原因。

"DSG"或成为大众在中国永远的痛：

针对大众 DSG 事件，记者也同时采访了一些业内专家，有专家认为，大众 DSG 出现的问题并未达到强制其召回的程度，因此，大众未实施召回并不违反相关规定。另外有观点认为，大众实施延长质保期，和召回相比，对消费者更有利。

拥有一汽大众 17 家经销商的庞大集团董事长庞庆华在接受采访时表示，大众 DSG 事件对于大众的销售并没有太多影响，庞大集团旗下的一汽大众车型销量一直很好。

但尽管如此，一次选择上的失误给大众公司在中国的发展带来的后患将成为大众永远无法忘记的痛。

（六）引导应对简析

根据资料显示，大众在中国市场涉及的问题车型包括一汽大众旗下的宝来、新高尔夫、速腾、迈腾等，上海大众则是朗逸、新途安、斯柯达明锐和斯柯达昊锐。按照中国汽车工业协会的统计数据计算，仅 2012 年1—11 月，上述车型的销量总和就超过了 1023000 辆。

即使弃用了干式双离合变速器，即使通过延长质保期安抚了目前的用户，但是这已经销售的超过 100 万辆车将像定时炸弹一样随时爆发，一旦大众公司的处理有些许不当，风波便可能再起。

在中国市场上，大众凭借其德式的"技术领先"和"品质可靠"深得人心。大众汽车一直希冀成为中国汽车市场销售冠军，但是也许大众在中国的路并不好走（见图 3 - 3 - 2、表 3 - 3 - 2）。J. D. Power 亚太公司发布的 2012 年中国新车质量研究报告（IQS）显示，一汽大众和上海大众的新车质量排名位居第 16 名和第 17 名，仅仅比行业总体水平略高。频频爆发的风波，也给大众在中国敲响了警钟。

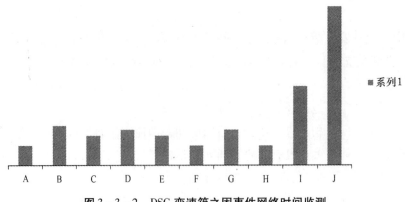

图 3 - 3 - 2　DSG 变速箱之困事件网络时间监测

表 3 - 3 - 2   **DSG 变速箱之困事件的关键时间点**

日 期	标 题	来 源
2012 年 3 月 15 日	央视曝光大众 DSG 变速器故障 厚此薄彼惹众怒	车讯网
2012 年 3 月 16 日	质检总局：去年汽车缺陷投诉增长率超 20%	中华网
2012 年 5 月 15 日	DSG 变速箱证实存在质量问题 大众道歉	新浪网
2012 年 5 月 24 日	大众 DSG 变速箱推出超长质保 涉及车辆超过百万	华商汽车
2013 年 1 月 9 日	大众回应：不放弃使用 7 速 DSG 变速箱技术	汽车之家网

注：本事件来源于

①中信证券：《理性看待大众 DSG 召回》，《汽车观察》2013 年第 4 期，第 52—53 页。

②毛星：《浅论我国〈缺陷汽车产品召回管理条例〉的完善——以大众 DSG 事件为例》，《知识经济》2013 年第 11 期。

第四章　质量监测的语料库建设

第一节　质量语料库建设总体思路

一　质量语料库建设目标

语料库通常指为语言研究收集的、用电子形式保存的语言材料，由自然出现的书面语或口语的样本汇集而成，用来代表特定的语言或语言的变体。经过科学选材和标注、具有适当规模的语料库能够反映和记录语言的实际使用情况。人们通过语料库观察和把握语言事实，分析和研究语言系统的规律。语料库已经成为语言学基础研究和应用开发不可缺少的基础资源。

已有的语料库的建设在收集语料、制定标注规范和质量监控等方面积累了宝贵的经验。语料库的发展可以分为四个阶段（崔大志，2010）。第一阶段，20世纪七八十年代，以语言研究为导向的第一代语料库，如Brown、Lob语料库等。第二阶段，20世纪八九十年代，第二代以应用为导向的词典编纂，如Cobuild、Long－man语料库等。第三阶段，20世纪90年代至21世纪初，第三代采用标准编码体系的超大规模语料库，如ACL/DCI语料库等。目前进入到以互联网作为语料库的第四代研究阶段。汉语方面有国家现代汉语语料库、中港台汉语语料库、《人民日报》语料库等。上述语料库的建设专注于语料的句法语义标注和分析。在质量语料库建设上还没有成熟的解决方案，而面向互联网的网络质量语料库建设还处于起步阶段。

深度网质量安全语料库的建设目标是，形成一个基于消费者的网络质量评价口语共时语料库。该语料库的设计目标是，记录当前时代下消费者在网络上反映质量安全相关评论、抱怨和产品使用感受等鲜活的时代语言。并按照预先定义的质量风险分类进行预料的分类和规约，是一系列单语、同质、系统和专用语料库。同时为了满足风险分类的应用上的需求，需要对相关语料库进行详细的标注。语料库建设遵循的原则：

（1）平衡性：对采样需要精心设计，语料可以覆盖中文质量评价口语整体或者制定部分的特性，达到合理性和可靠性要求，成为该类语言的代表。兼顾书面语和口语、体裁和比例的平衡。

（2）动态性：语料库需要不断随着时代的发展进行更新，需要实时收录当前互联网上消费者最新的语言表达。

（3）有限规模：语料并不是越多越好，需要让语料具备代表性，无限扩大语料的规模，只会让语料总体呈现相当严重的稀疏性。因此重要在于关注语料质量而不是数量，一般选取 500~1000 个样本为宜。

二　质量语料库管理规范

（一）语料库设计与规划

按照政府、行业、子行业的质量风险特征建立全面反映汉语全部语言事实的平衡语料库，即考虑语料库的抽样原则如何保证样本分布均衡，语料属性是否全面适用，从而使得汉语语料库尽可能具有代表性和可用性。

1. 时间。这也是规模的问题。如有可能，尽量补充近五年的语料（2008 年之后）。2014 年以后与时俱进，不断动态更新语料，滚动前进。

2. 空间。语料的地域分布。语料库反映的是某一语言全部的语言事实，因此，语料的地域分布非常重要。通常的解决方法是充分考虑到某一语言的最广泛的地域分布，并且重点关注代表性的语言区，广泛抽样。建议考虑中国地域语言分布特点，重点关注华中、华北和华南地区等地区。

3. 语体。即书面语和口语问题。对于语料库，书面语和口语体现出来的统计特征大大不同。但口语的收集主要依靠网民语言。鉴于当前深度网语料库的建设目标是以网络口语为主，尽量争取口语占到 80%，书面语占 20%。

4. 媒体。媒体反映的是语言现实载体。考虑消费者在网络上进行质量评价的媒体可能性，建议以行业栏目、行业网站、博客、微博、微信、论坛、投诉平台等为主要收集载体。

5. 主题。语言最主要的功能是表达交际功能，对事物的关注程度同时能够映射为对语言的使用程度。具体来说，基本的大的类目设置按照政府需求、行业需求和企业需求进行逐层展开。其中行业语料还需要根据行业特征进行细分，提供子行业的语料。

6. 文体。文体是文本或话语的表达方式。从语言最主要的功能是表达交际功能来看，现实生活中最需要的语言表达方式应该是记录或传述人、事、物的性状、过程和变化的记叙文体。记叙文体应该分布最广，最能反映语言的实际流通情况，议论和描写文体次之，说明最次。

（二）语料的采集规范

构建质量语料库，关键在于产品质量的语料本身，即语料收集和筛选。在提供优质训练集和提供统计规律以及常识性知识方面，语料库的优势是巨大的，同时也可以进一步提高产品质量语料的规模和作用。语料的收集工作是指选择合适的语料、做预处理、为语料的标注提前做好准备。语料选择要考虑到语料库的覆盖率，从来源上包括各大网站、博客、论坛、贴吧、微博、微信以及电子商务网站；从对象上看，已经构建食品、汽车、建材家居等典型产品的 15 个行业质量语料；在风格方面，尽可能选择用词比较规范、严谨的评论，但消费者对于产品在线评价的口语特征比较明显，要兼顾两个方面。

当前语料库主要依靠人工进行采集，语料采集时需要遵循以下原则：

1. 共时原则：语料需要选取 2008 年以后，近五年来的最新数据。

2. 广泛性原则：根据不同的地域差别，有意选择不同地方的论坛或者站点数据，地方性的口语需要能够进入语料。同时论坛、博客、微博等不同的媒体需要各自都占有一定的比例，避免数据来源于单一的媒体类型。

3. 丰富性原则：相同的语言表达，无须重复录入，尽可能使得消费者的各种语言表达方式都能够得以体现。录入前需要进行重复性校验，防止同样的语料多次录入。

对于每一个风险类别，除采集正面样本，还需要对负面样本进行采集，正面样本和负面样本的体量和要求一致。

（三）语料的标注规范

1. 语料文本标注所遵循的标准如下（见表 4 - 1 - 1）。

126

表 4 - 1 - 1 　　　　　　　　　　　　　**语料文本标注说明**

字　段	说　明
样本标题	文章标题，如果是微博，则标题和正文相同
来源 URL	网址
样本类型	媒体类型
样本内容	正文内容，如果文本较长；则截取与主题相关的文本段落
编辑者备注	默认填写编辑者代号
风险分类	语料中可能涉及多种风险分类，对这种兼类情况进行标注
行业分类	语料可能涉及多个行业类别，出现跨行业的情况，需要标注

2. 分类特征的标注。网络质量文本信息与其他信息的不同在于，文本一般较短、用语不规范、语意不完整。在对这些消费者质量安全文本信息进行分类时，不仅仅考虑了文本的统计特征，同时也考虑消费者的典型语义内容及特征模式，包括特征词、评价内容、观点词以及程度修饰词等，抽取和固化了网络质量安全语言的特征。

具体来说，语言模式的提取，首要的是通过对质量安全样本语料的观察，选择具有代表性和区分性的表达，例如某种文本信息只属于"安全性"类别，而不属于"产品性能"类别。当然，某种文本信息也可能同时属于多个类别，例如某种文本信息即属于"安全性"类别，也属于"产品性能"类别。

以下以一个网络上真实的消费者质量安全信息文本为例，来说明质量语言文本模式提取的方法。从"某山泉饮料内中惊现创可贴"这一文本信息中，可提取出"某山泉""惊现""创可贴"等表示这句话主要特征的短语。而"内"这个词不必存在于模式中，去掉这个词，信息意义基本不发生变化。关键词语提取完毕后，要形成该文本的顺序，也就是"某山泉→惊现→创可贴"。然后，可以针对已经形成的这一语言模式，进一步加以泛化，使其可使用程度不断增加，如下图 4-1-1 所示。

图 4-1-1　模式"某山泉 + 惊现 + 创可贴"的泛化

由于生成的以上语言模式是一个笛卡尔集，因此需要检验每一种搭配是否合理。如果合理则保留该模式，如果不合理则进行调整或者去掉该模式。经过模式验证后，最终生成的模式，就是质量文本信息的本体知识，也就是经过高度抽象的质量语言模式。综合以上研究，可以形成以下的质量语言模式构建流程。如图 4-1-2 所示。

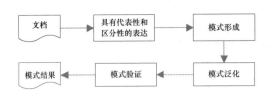

图 4-1-2　消费者语言模式构建流程

（四）语料的人工处理过程

系统所涉及分类器需要人工提供样本进行训练，因此语料库的维护、分类器的训练必须由人工进行处理，并针对处理结构对各种参数进行调整，以期达到更好的分类效果。

由于计算机学习的局限性和系统所要解决问题的复杂性，需要在计算机对读取数据以及分析处理数据后，由人工介入进行数据处理，针对数据读取和分析结构，剔除明显不正确的数据。

系统通过数据审查子系统，实现和数据采集子系统、数据处理子系统、数据分析子系统的对接，对系统自动分析后的数据进行抽样、定向查询，人工判定自动处理的准确性，对处理有误的数据进行标注，提交语料库保存，作为后期训练的新样本。

三 语料库管理系统

（一）语料库管理与规范

语料库管理系统可按风险、行业、企业、品牌、产品、信息源、角色以及自定义维度等动态管理语料库，通过有监督的学习，来实现语料库的自动更新。

129

1. 风险分类

页面提供风险分类信息列表显示，显示出风险分类的层级结构，并提供新增风险分类与修改风险分类的入口。此页面需在 3 秒内完成载入并显示，查询下级风险分类需要在 2 秒内完成。此页面显示风险分类层次信息，点击每个风险分类，逐步查询出下级风险分类信息。

在搜索框内输入风险分类名称进行风险分类的搜索，页面将显示每个风险分类的编号与名称和当前选中风险分类的基本信息，若是三级分类，还需显示其样本（含总数）、负样本（含总数）与分类特征（含总数）。基本信息包括分类编号、分类名称、标准定义。

样本与负样本包括样本标题、样本正文、样本来源类型、样本日期、备注。

风险分类管理页。页面提供风险分类新增功能，包括样本、负样本与分类特征的新增。禁止新增编号相同的风险分类。新增提交需在 3 秒内返回结果。用户在此基本信息选项卡中输入风险分类编号、分类名称、标准定义。

用户在样本新增选项卡中输入样本标题、来源 URL、样本类型、样本内容、编辑者备注、兼类、兼行业。

2. 行业管理

行业列表页。页面提供行业信息列表显示，显示出行业的层级结构，并提供新增行业与修改行业的入口。此页面需在 3 秒内完成载入并显示，查询子行业信息需要在 2 秒内完成。此页面显示行业层次信息，点击每个行业，逐步查询出子行业信息。页面能够显示每个行业的编号与名称。点击"新增"或"修改"按钮可分别进入行业新增页面和修改页面。

3. 品牌管理

页面提供品牌信息列表显示，显示出品牌的层级结构，并提供新增品牌与修改品牌的入口。此页面需在 3 秒内完成载入并显示，查询子品牌信息需要在 2 秒内完成。此页面显示品牌层次信息，点击每个品牌，异步查询出子品牌信息。显示每个品牌的编号与名称。点击"新增"或"修改"按钮可分别进入品牌新增页面和修改页面。

4. 产品类型

页面提供产品类型信息列表显示，显示出产品类型的层级结构，并提供新增产品类型与修改修改产品类型的入口。此页面需在 3 秒内完成载入并显示，查询下级产品类型信息需要在 2 秒内完成。此页面显示产品类型层次信息，点击每个产品类型，逐步查询出下级产品类型信息。页面能够显示每个产品类型的编号与名称。点击"新增"或"修改"按钮可分别进入产品类型新增页面和修改页面。

5. 产品管理

产品列表页。页面提供产品信息列表显示，并提供新增产品与修改产品的入口。此页面需在 3 秒内完成载入并显示。此页面显示产品信息列表。页面能够显示每个产品的编号、名称、全称、说明、匹配规则、行业。点击"新增"或产品信息所在行可分别进入产品新增页面和修改页面。

（二）语料库使用与维护

1. 地域管理模块。地域识别是本系统中的重要环节。本系统的地域语料库建设情况如下：

IP 地域数据：375238 条 IP 地址/地址段。

行政区域数据：省直辖市 34 个、市级 436 个、市以下区域 2776 个。

网站地域数据、LBS 数据建设中。

地域列表页。提供地域信息列表显示，显示出地域的层级结构，并提供新增地域与修改地域的入口。此页面需在 3 秒内完成载入并显示，查询下级地域信息需要在 2 秒内完成。页面能够显示地域层次信息，点击每个地域，逐步查询出下级地域信息。页面还能够显示每个地域的编号与名称。点击"新增"或"修改"按钮可分别进入地域新增页面和修改页面。

2. 信息源管理

信息源列表页。页面提供信息源的列表显示，显示出信息源的层级结构，并提供新增信息源与修改信息源的入口。此页面需在 3 秒内完成载入并显示，查询子级信息源信息需要在 2 秒内完成。此页面显示信息源层次信息，点击每个信息源，逐步查询出子级信息源信息，信息源可按"内容类型""信息源等级""信息源行业类别"分类显示。页面能够显示每个信息源的编号与名称。页面右侧部分显示所选信息源的详细信息，包括信息源 ID、信息源名称、信息源概述、信息源域名、信息源层次类型、内容类型、信息源等级、行业类型、入口链接、字符集、用户覆盖、影响力、全球排名、中国排名。

3. 模板管理

模板列表页。页面提供模板信息列表显示，并提供模板的搜索、新增模板与修改模板的入口。此页面需在 3 秒内完成载入并显示。此页面显示模板列表，输入 URL 可进行 URL 正则式匹配的搜索。页面提供新增模板面板的入口、删除模板功能的入口、修改模板面板的入口。页面能够显示每个模板的名称与匹配方式。点击"新增"或"修改"按钮可分别显示模板新增面板和修改面板。

4. 词库管理

词库列表页。页面提供词语列表显示，并提供新增、修改与删除词语的入口。此页面需在 3 秒内完成载入并显示。此页面显示词库中的词语信息，用户在搜索框中输入词语可进行搜索。导入词库 TXT 文件格式：词语@@词性。显示每个词语，词语按拼音首字母分类显示。点击"新增"或"词语"可分别显示词语新增面板和修改面板。导出词库 TXT 文件格式：词语@@词性。

（三）权限设计与管理

1. 用户管理

用户列表页。页面提供用户信息列表显示，并提供新增、修改与删除用户的入口。此页面需在 3 秒内完成载入并显示。此页面显示用户信息列表。页面能够显示每个用户的用户名、真实姓名、角色和权限。点击"新增"或"修改"按钮可分别显示用户新增面板和修改面板。点击启用/禁用按钮改变用户账号状态为启用/禁用。点击"删除用户"按钮删除所选用户。

2. 角色管理

角色列表页。页面提供角色信息列表显示，并提供新增、修改与删除角色的入口。此页面需在 3 秒内完成载入并显示。此页面显示角色信息列表。页面能够显示每个角色的角色名称和权限。点击"新增"或"修改"按钮可分别显示角色新增面板和修改面板。点击"删除角色"按钮删除角色。

第二节 质量语料库分类

一 质量语料库分类设计

质量语料库从消费者角度出发，进行质量风险的语料分类特征分析。突出企业、行业、区域的语料分类特征，建立满足不同使用场景下的语料库，包括二分语料库和多分语料库。通过语料库的建设不断提高平台对各种消费者语言分类识别的准确率和召回率。

（一）质量语料库的分类设计原则

本分类模型遵循如下设计原则：根据质量语料的分析，来设计质量风险评价指标，必须从消费者角度出发。由消费者来确定评价指标体系。要准确把握消费者的心理和行为的内外需求，选择消费者认为最关键的质量语料来构建风险评价指标。

构建质量风险评价指标，通过质量风险语料库设计，从而有效监测网络质量风险。质量风险评价指标使消费者产生新的期望，促使评价主体采取改进措施。但是如果评价主体在某一领域还无条件或无能力采取行动加以改进，则应暂不采用该方面的评价指标。

质量风险评价指标应该是可度量的。任何风险指标都应该是一个量化的结果，必须是可统计、可计算和可分析的。质量风险评价指标需要考虑评价对象的典型特点或特性，需要考虑评价对象的共性和个性的差异问题。

（二）质量语料库的分类模型差异分析

通过调研表明，已有的风险分类，存在企业通用风险、行业风险、区域风险三大类别，其异同点分析如下：

1. 共性。宏观上，都有固有质量、外部形象和服务质量这三大块。企业、行业、政府在描述产品或者服务"固有质量"的方式相同。企业形象、行业形象和城市形象描述维度相同，但是具体的语料不同。行业和区域都是政府职能部门，其"公共服务"描述是相同的。企业通用质量安全分类模型如表 4-2-1 所示。

表 4 - 2 - 1　　　　　　　基于互联网信息的企业质量安全分类模型

分类指标	信息内容
产品性能	可靠性、易用性、感官评价
安全性	身体伤害、性状改变、不安全感
服务质量	便利性、服务环境、从业人员、客服系统
经济性	性价比、品种多样性、使用成本
运营质量	管理水平、人力资源、人文环境
公众形象	社会责任与环保、管理者形象、企业口碑、外部沟通

2. 差异性。行业和区域监测服务对象都是政府部门，强调"服务职能"，需要将公共服务能力重点考虑，变为一级维度。

企业的个体"服务能力"与政府的"公共服务"概念和评价体系是不同的。

企业需要更多关注内部运营管理问题；区域质量需要重点考虑"城市环境"问题。

二　企业通用风险分类标准及语料库

（一）评价主体

企业是营利性经济组织，企业所提供的产品和服务，只有通过市场交换才能实现其价值。这里的企业主体一般是指规模以上企业，即年主营业务收入 500 万元及以上的工业企业。

（二）通用风险分类

综合以上思路，提出如下企业通用风险分类标准。如表 4 - 2 - 2 所示。

表4-2-2　　　　　　　　　企业通用风险分类标准

类型	一级维度	二级维度	标准定义
核心产品和服务	安全性	身体伤害	产品在使用过程中给消费者带来的身体伤害
		性状改变	产品的物理和化学特性与出厂状态相比发生了改变
		不安全感	产品的某些特性给消费者心理带来的不安与恐惧感
	产品性能	可靠性	产品在一定条件下无故障地执行指定功能的能力或可能性
		易用性	产品在满足消费者需求的前提下能更方便使用的能力
		感官评价	五官感知的客观评价,是对设计、色彩、体积、协调性、色香味等工业设计进行描述
	经济性	性价比	消费者衡量产品的投入产出比的心理感受
		品种多样性	消费者可选择产品种类的多样性
		使用成本	消费者在使用产品过程中需额外增加的费用和成本
	服务质量	便利性	消费者地理上或程序上获取产品或服务的便捷程度
		服务环境	营业场所的软硬件设施和其他环境要素
		从业人员	服务人员的职业道德、专业程度、服务态度、仪容仪表等
		客服系统	为消费者提供关于日常使用、维护、产品质量投诉等服务的技术性系统
内部管理	运营质量	管理水平	管理体系、流程混乱
		人力资源	福利、待遇、竞争力、用人不公、赏罚不明、跳楼,企业激励与待遇、企业保障机制及人际和谐三个方面
		社会责任与环保	企业作假、偷税漏税、缺乏社会责任、企业与顾客、企业与政府、企业与供应商之间的社会责任,以及环境保护、污染排放与处理能力等
		人文环境	包括企业文化、人文关怀、形象识别、VI设计
外部形象	公众形象	管理者形象	对企业管理者的公众形象的评价
		企业口碑	综合性的口碑评价
		外部沟通	不善于与公众、媒体沟通。对客户冷漠,外部沟通不畅,不擅于传递企业形象,新闻发言人水平很差,公共关系处理不好

（三）建设情况

企业通用风险分类语料库建设情况如下所示,共标注语料8273条,详细情况见表4-2-3。

表4-2-3　　　　　　企业通用风险分类语料库统计　　　　（单位：条）

类别		数量	合计
安全性	身体伤害	320	902
	性状改变	309	
	不安全感	273	
产品性能	可靠性	324	936
	易用性	302	
	感官评价	310	
经济性	性价比	291	915
	品种多样性	309	
	使用成本	315	
服务质量	便利性	275	1433
	服务环境	356	
	从业人员	472	
	客服系统	330	
运营质量	管理水平	323	1377
	人力资源	477	
	社会责任与环保	299	
	人文环境	278	
公众形象	管理者形象	395	1053
	企业口碑	414	
	外部沟通	244	
负样本			1657
总计			8273

三　行业风险分类标准及语料库

（一）评价主体

行业的行政主管部门。例如质监局、环保局、教育局、食安办、行业协会等。这些政府部门对相关行业负有监管责任。在行业通用风险分类基础上，结合行业特色，为行业提供更贴切、细致、精准的分类标准。

（二）通用风险分类

行业的通用风险分类如表4-2-4所示。

表 4 - 2 - 4   **行业通用风险分类标准**

类型	一级维度	二级维度	标准定义
核心产品和服务	安全性	身体伤害	产品在使用过程中给消费者带来的身体伤害
		性状改变	产品的物理和化学特性与出厂状态相比发生了改变
		不安全感	产品的某些特性给消费者心理带来的不安与恐惧感
	产品性能	可靠性	产品在一定条件下无故障地执行指定功能的能力或可能性
		易用性	产品在满足消费者需求的前提下能更方便使用的能力
		使用体验	五官感知的客观评价,是对设计、色彩、体积、协调性、色香味等工业设计进行描述
	经济性	性价比	消费者衡量产品的投入产出比的心理感受
		可选范围	消费者可选择产品种类的多样性
		使用成本	消费者在使用产品过程中需额外增加的费用和成本
公众形象	公众形象	人文环境	包括行业文化、人文关怀、形象识别、VI 设计
		社会口碑	综合性的口碑评价
		管理者形象	对行业管理者的公众形象的评价
服务能力	公共服务	服务的可靠性	依法性、公正性。从组织层面考察公共行政服务部门所提供的服务是否可靠和公正,比如相关法律、法规公开,无超越职权行为,无乱收费问题等
		服务设施方便性	例如办事场所引导规范性、标牌清晰、网络办事、行政中心一站式服务。各部门衔接是否畅通,是否能做到简化办事程序
		工作人员行为	服务过程中工作人员对相关业务的熟悉程度,是否为服务对象着想,提供主动服务和帮助等

(三) 行业通用风险语料库建设情况

行业通用风险分类语料库建设情况如下所示,共标注语料 4079 条,详细情况见表 4 - 2 - 5。

表4-2-5　　　　　　　　行业通用风险分类语料库统计　　　　（单位：条）

类别		数量	合计
安全性	身体伤害	100	548
	性状改变	100	
	不安全感	348	
产品性能	可靠性	344	526
	易用性	80	
	使用体验	102	
经济性	性价比	107	356
	可选范围	100	
	使用成本	149	
公众形象	人文环境	106	463
	社会口碑	283	
	管理者形象	74	
公共服务	服务的可靠性	129	490
	服务设施方便性	108	
	工作人员行为	253	
负样本			1696
总计			4079

137

（四）典型行业风险分类标准及语料库

语料库建设过程中，采用逐个行业覆盖的方式进行，已完成汽车行业、食品行业、服务业行业的覆盖，行业分类语料情况如表4-2-6、表4-2-7、表4-2-8所示。

表4-2-6　　　　　　　汽车行业风险分类语料库统计　　　　（单位：条）

类别		数量	合计
安全性	车身外部	308	2144
	车身内部及内饰	279	
	电子设备及附件	267	
	温控系统	259	
	发动机	279	
	刹车系统	235	
	传动系统	268	
	转向及操控系统	249	

续表

类别		数量	合计
服务质量	便利性	81	324
	服务环境	109	
	从业人员	134	
经济性	性价比	95	339
	可选范围	108	
	使用成本	136	
固有性能	动力性	253	1122
	制动性	220	
	操控稳定性	210	
	行驶平顺性	238	
	通过性	201	
舒适性	内部空间	214	785
	内部装饰	221	
	乘坐环境	200	
	操作布局	150	
负样本			2517
总计			7231

表 4 - 2 - 7　　　　　**食品行业风险分类语料库统计**　　　（单位：条）

类别		数量	合计
安全性	身体伤害	332	1115
	感官评价	352	
	包装破损	154	
	不安全感	277	
服务质量	便利性	80	622
	从业人员	244	
	服务环境	129	
	客服系统	169	

类别		数量	合计
经济性	性价比	88	472
	可选范围	83	
	净含量不足	151	
	假冒产品	150	
食用体验	口感体验	206	642
	视觉体验	216	
	嗅觉体验	220	
负样本			1480
总计			4331

表4-2-8　　　　**服务业行业风险分类语料库统计**　　　（单位：条）

类别		数量	合计
经营场地	经营场地	105	345
	设施用品	154	
	舒适卫生	86	
便利性	网点布局	103	319
	流程合理性	89	
	响应时间	127	
从业人员	专业技能	104	455
	服务态度	265	
	形象气质	86	
安全保障	设施安全	84	367
	性能安全	197	
	隐私保护	86	

类别		数量	合计
经济性	性价比	101	287
	可选范围	106	
	会员回馈	80	
客服系统	售后服务	80	252
	损害赔偿	81	
	投诉处理	91	
负样本			1770
总计			3795

四　区域政府通用风险分类标准及语料库

（一）评价主体

区域政府主管部门，例如城市政府主管部门的市长办公室。

（二）设计思想

当前对于区域风险评价指标还没有标准的理论模型，可以参照的相关研究分为以下三类：

1. 对政府公共服务质量评价体系的研究。相关研究以"满意度"为基础进行探讨，研究内容主要集中在对政府公共服务价值取向的讨论、政府公共服务质量评价方法的探索、评价体系实际应用的研究等方面。其中对评价方法的研究包括评价思路、工具选择、评价体系维度等。从国际上看，多以各种模型设计为主要研究方式，比如 SERVQUAL 模型、美国顾客满意度指数模型 ACSI、欧洲顾客满意度指数模型 ECSI、平衡计分卡 BSC 等。它们都在公共服务质量测评中得到广泛尝试和应用。常见的测评有公众感知的公共服务质量测评，如 SERVQUAL 模型和满意度测评。如 ACSI 这些主观评价体系注重政府和公众直接互动环节中，政府服务过程的细节和公众的直观感受多属于微观层面研究。

国内对政府公共服务质量评价体系的研究起步较晚，多在国外研究基础上进行改进和创新。例如零点研究咨询集团自 2005 年起连续发布的公共服务公众评价指数等。此外，也有一些对政府公共服务质量进行客观测评的尝试，比如中国海南改革发展研究院以联合国人类发展指数为基础，以"惠及 13 亿人的基本公共服务"为主线，建立的测评政府投入、产出、效果的客观指标体系。但是，它仅涉及基本公共服务的内容，对与政府公共服务质量的整体测评不适用。

2. 对文明城市评价指标的研究。中央文明委自 2004 年开始颁发《全国文明城市评测体系》，通过创建文明城市活动，提高城市文明程度、市民素质和群众生活质量，推动社会文明的发展。该测评体系由"基本指标"和"特色指标"两部分构成。"基本指标"反映创建文明城市的基本情况，设置了廉洁高效的政务环境、公平公正的法制环境、规范守信的市场环境、健康向上的人文环境、安居乐业的生活环境、可持续发展的生态环境、扎实有效的创建活动 7 个方面的测评项目，37 条测评指标，119 项具体内容。"特色指标"主要反映城市获得重要荣誉的情况。针对东西部城市发展不平衡的实际情况，"基本指标"中设置了 5 项调节性测评内容用于对西部城市的测评。同时，根据城市规模和行政设置的不同，该测评体系分别对直辖市、省会和副省级城市、地级市、县级市、城区等提出了不同的测评标准。

3. 对各种地方性的城市文明状况与环境评测指标的研究。地方各级政府和管理部门，根据自身的特点和需求出发进行区域的环境质量方面的评测。例如江阴市的幸福城市综合评价指标体系、广东省的幸福广东评价指标体系以及中国人居环境奖的评价指标体系。

这些指标体系以地区经济、社会、文化特点为基础进行针对性的设计评测指标。或者从某一个具体的角度出发进行指标细化，在一定程度上也反映了区域的某方面的安全状况。

一个区域的质量安全风险首要的就是其提供的商业产品的质量安全状况。该风险指标可以参照企业对于产品质量的评价指标。也就是安全性、产品性能和经济性。相关风险的描述参看前述资料，此处不再赘述。

一个城市或者区域第三产业、特别是商务服务质量状况是反映城市服务完善程度的重要指标之一。这种商业服务特指非政府参与性的纯市场行为，以盈利为目的的商业服务行为。相关评价指标从服务产品、服务环境、服务便利性、从业人员、安全保障、经济性和客服系统这七个方面进行评价。

政府主导或参与的公共服务的质量状况为公众生活和参与经济、政治、文化等活动提供保障和创造条件。涉及行业包括航空客运服务、燃气服务、互联网服务、移动电话服务、银行服务、供水服务、旅游服务、固定电话服务、物业服务、餐饮服务、供电服务、有线电视服务、邮政服务、文体娱乐、铁路客运服务、出租车服务、医疗服务、公路客运服务、公交汽车服务等基础性公共服务。其服务评价指标可以参考商业服务评价指标。

以上三个风险评价指标都是从一个区域提供给市民的核心产品和服务角度出发的。从商业性到公共性的范畴都进行了行业覆盖。公众在得到区域提供的这些有形服务的同时,还对整个区域的环境有着匹配的需求。一个好的城市环境能够带动城市商业的迅速发展。

城市环境从五个方面进行评价,即城市的清洁卫生情况、市容市貌、交通秩序、生态环境、社会治安。这五个评价维度都是从普通公众的角度进行设定的,普通公众只能通过自己对于区域的直观感知城市的环境,因此并不能从专业角度进行城市环境的评判。

从区域管理者的角度,区域行政服务能力是对区域的日常经济和社会运转的核心保障。行政服务能力可以从三个评价维度进行展开。首先是服务的可靠性,其主要是从组织层面考察公共行政服务部门所提供的服务是否可靠和公正,比如相关法律、法规公开、无超越职权行为、无乱收费问题等。其次是服务的便利性,特指服务各部门衔接是否通畅、能否做到简化办事程序。再次是工作人员行为因素,包括服务过程中工作人员有关的人员因素,比如对相关业务的熟悉、为服务对象着想、提供主动服务和帮助等。最后从综合角度对城市的形象进行宏观描述。包括对区域管理者形象、区域的人文环境以及对区域的无指向性的笼统的口碑性描述。

(三)风险分类

区域政府风险分类如表 4-2-9 所示。

表 4-2-9　　　　　　　　　**区域政府通用风险分类标准**

类型	一级维度	二级维度	标准定义
核心产品服务	产品质量	安全性	产品对用户可能造成身体或者心理的伤害的程度
		产品性能	产品本身的固有性能所能达到的程度
		经济性	用户投入产出比所能达到的程度
	商业服务质量	服务产品	服务所提供的核心内容的质量状况
		服务环境	用户在消费体验时外部环境的整体状况
		服务便利性	用户获取产品和服务的便利程度
		从业人员	服务人员自身的基本素质和能力
		安全保障	服务产品自身的固有安全性能
		经济性	用户投入产出比所能达到的程度
		客服系统	消费者在使用产品过程中，后续问题的持续管理和解决所依托的技术性手段
	公共服务	服务产品	服务所提供的核心内容的质量状况
		服务环境	用户在消费体验时外部环境的整体状况
		服务便利性	用户获取产品和服务的便利程度
		从业人员	服务人员自身的基本素质和能力
		安全保障	服务产品自身的固有安全性能
		经济性	用户投入产出比所能达到的程度
外部形象	城市环境	清洁卫生	环境整洁、随意堆放垃圾、卫生死角、公厕
		交通秩序	拥堵、行车文明、乱停车占道、乱穿马路、各行其道、市民耐心回答问路、交通标志规范无缺失、主动让座
		市容市貌	乱张贴、乱涂写、乱悬挂、乱晾晒、公众场合吸烟、随地吐痰、占道经营、道路平整硬化、无积水、设施完好、无电线乱牵乱挂、窨井盖缺失、招牌破损、路灯无损坏、公用电话亭、健身设施、休闲设施、垃圾箱等完好、道路名称、公共图形标志、店牌、广告牌规范且无损坏、自然人文景观、城市新建筑地方特色、文物保护
		生态环境	绿化绿地、噪声、水污染（内河、湖泊）、空气、公园、林荫路、光污染、施工现场周围设置围栏、垃圾渣土运输无滴漏现象
		社会治安	社会环境的安全性，包括城管、警察的服务能力以及坑蒙拐骗等现象

续表

类型	一级维度	二级维度	标准定义
服务能力	行政管理	服务的可靠性	从组织层面考察公共行政服务部门所提供的服务是否可靠和公正，比如相关法律、法规公开、无超越职权行为、无乱收费问题等
		服务设施方便性	例如办事场所引导规范性、标牌清晰、网络办事、行政中心一站式服务。各部门衔接是否畅通，是否能做到简化办事程序
		工作人员行为	服务过程中工作人员对相关业务的熟悉程度，是否为服务对象着想，提供主动服务和帮助等
外部形象	城市形象	人文环境	城市的文化品位、艺术韵味和个性魅力
		综合口碑	对城市形象的综合性、无指向性的笼统评价
		管理者形象	城市执政领导者的个人形象口碑

144

（四）建设情况

区域政府通用风险分类语料库建设情况如表 4 - 2 - 10 所示，共标注语料 9667 条。

表 4 - 2 - 10 　　　　　　**区域政府风险分类语料库统计** 　　　　（单位：条）

	类别	数量	合计
产品质量	安全性	117	281
	产品性能	84	
	经济性	80	
商业服务质量	服务产品	185	1630
	服务环境	231	
	服务便利性	317	
	从业人员	545	
	安全保障	80	
	经济性	169	
	客服系统	103	

续表

类别		数量	合计
公众服务	服务产品	86	1761
	服务环境	222	
	服务便利性	300	
	从业人员	327	
	安全保障	266	
	经济性	348	
	客服系统	212	
城市环境	清洁卫生	158	1249
	交通秩序	376	
	市容市貌	274	
	生态环境	297	
	社会治安	144	
行政管理	服务可靠性	306	762
	服务设施方便性	80	
	工作人员行为	376	
城市形象	人文环境	416	1425
	综合口碑	541	
	管理者形象	468	
负样本			2559
总计			9667

第五章 政府质量安全评价与网络预警的实现

——网络平台的构建

　　根据质量安全网络信息监测与预警的总体目标，坚持质量大数据"收集、保存、维护、管理、分析、共享""六位一体"的建设原则，从平台总体建设思路、平台系统分析与设计、平台测试与实施三个方面介绍质量网络安全信息监测与预警平台建设的情况。

第一节 平台总体建设思路

一 平台建设目标

　　"质量安全信息监测与预警服务平台"是以公共互联网为载体和消费者信息来源渠道，为消费者、企业和政府提供质量信息服务，特别是基于消费者的"第三方"质量安全信息服务的产业化平台。

　　该平台采用开放互动的平台构架，主要以来自于互联网的消费者质量安全信息监测与预警服务为核心，最大限度地覆盖食品、汽车、服务业等影响民生的消费行业和市场，形成一条基于互联网驱动的质量安全信息监测与预警第三方服务的产业链。上游带动各行业的质量咨询、质量检测、投诉平台、质量排名及相关法律、法规咨询等增值服务业务，引领、带动相关质量服务业态的发展；下游带动云平台服务行业、互联网应用服务行业、智能信息分析技术行业，形成完整的网络产业生态系统，成为中国"质量强国"战略的强有力支撑。

（一）平台背景

近年来，我国质量安全事件频繁爆发，质量安全问题已成为影响广大消费者人身财产安全的重要问题，也是决定企业生死存亡的"一票否决"问题，更是在当前创建和谐社会时期最容易引起非政治性群体事件的首要因素。

质量安全问题存在的根本原因，在于信息不对称引起的市场失灵。企业即使以完全诚信的方式生产经营，也无法通过出厂前的质量控制与检测手段，完全杜绝所有潜在的质量安全风险；消费者基于知识与成本的因素，无法始终为自己挑选到安全的产品；政府由于监管手段和行政成本的约束，也无法第一时间知晓所有的质量安全风险。

目前，我国对于质量安全信息的获取，主要是基于产品抽样检测的结果，以及少量消费者投诉的意见。这种相对被动的信息获取方式，无法有效满足企业、消费者和政府的实时质量信息需求。相对地，在美国、日本、欧盟等发达国家和地区，利用现代网络信息技术建立的主动式产品质量安全监测与预警系统，包括美国的国家电子伤害监测系统（NEISS）、日本的全国消费生活信息网络系统（PIO－NET）、欧盟的非食品类消费品快速预警系统（RAPEX），都已非常普遍和成熟。

因而，通过对公共互联网上海量质量信息的监测，并基于该信息的实时风险预警，在我国的质量安全现状下，有极强的现实需求。

（二）平台建设的意义及必要性

1. 服务于国家重大质量战略。《国家质量发展纲要（2011—2020年)》提出，"建立质量安全风险研判机制和预警平台，加大质量安全风险分析评估工作力度，对系统性质量风险及时发布预警，对重大质量安全隐患及时提出处置措施。"

国家"十二五"规划提出要"在增强科技创新能力中，强调信息网络和安全健康领域要取得新突破；加快构建源头管理、动态管理和应急处置相结合的社会管理机制"。

根据国家的宏观政策，迫切需要把"质量安全信息监测与预警系统"从研究成果转化成为对社会有价值的产品，有助于国家对全国各行业产品质量风险的有效监管，及时把握各行业产品的质量状况，最早预知产品质量安全风险并及时作出预案决策。本项目以我国频繁发生的质量安全事件这一重大问题为导向，以有效地降低区域性、系统性和群体性质量安全事

147

件为目标，通过运用现代化信息手段，切实做到对质量安全风险的早发现、早研判、早预警、早处置，提高质量安全风险管理工作的科学性、针对性和有效性。

2. 满足企业的刚性需求。企业成功的因素有百种，但是导致失败的重要原因之一，就是质量安全。质量安全问题关系到企业的"生死存亡"，根据质量管理理论，质量安全问题具有不可灭失性，通过对广东、浙江、河南、湖北等省上百家企业质量安全信息的需求调研，产品质量安全信息就是企业的刚性需求，并且在企业的整个生命周期中，这种需求将持续存在。该系统能满足企业及时掌握消费者对产品质量安全信息的反馈、实施安全管理的迫切需求，从而为企业的产品提供"安全阀"和"报警器"的功能作用。为企业把握产品的市场反应制定有效的发展战略、打造具有竞争力的品牌提供决策支持服务。为企业按照自身的需要提供质量安全网络信息监测与预警日报、周报、月报、年报等。系统通过对海量"质量安全数据"的深度挖掘，可为企业提供所需的质量信息服务。

3. 填补质量安全网络信息服务的空白。国内质量安全信息化平台，安全信息主要来自于机构和企业，而不是真正来自于消费者，因此导致数据总量有限，不可能获取像互联网那样海量的质量安全信息，而且目前的信息平台主要是针对行政职能部门内部流程化安全信息的管理，基本上没有真正意义上的质量安全数据的挖掘和处理，也没有针对质量安全信息获取技术进行设计。基于以上的原因，我国迫切需要建立一个对产品进行质量安全监测、预警的信息化系统平台，来补充、完善产品质量安全宏观管理的科学体系。

本系统基于互联网产品质量信息识别和预警方法设计的理论创新，研究网络质量信息语言与质量安全之间，在语义上的转换性、逻辑性和相关性。基于语义识别构建反映质量安全的客观分类体系，并建立全领域的质量安全网络信息监测和预警评价系统，填补了我国质量安全信息服务领域的空白。

4. "世界光谷"现代服务业示范企业。现代服务业具有新技术、新业态、新方向和高人力资本、高信息含量、高附加值的特点。"质量安全信息监测与预警服务平台"运用我国宏观质量管理新理论，结合最新的现代信息技术，收集互联网海量的消费者感知的质量安全信息，并通过深度的挖掘，向用户提供具有较高价值的产品质量安全信息服务。改变了传统的质量安全监测领域的产业模式,形成了新的服务业态,引领相关产业的发展,创造了新的商业服务模式,完全符合现代服务业"三新""三高"的特点,是典型的现代服务业。

在"光谷",建立国内最大的质量安全风险监测、分析、预警和应对技术支撑服务基地,为政府和企业提供极具价值的产品质量安全信息服务,打造公正、独立、专业、极具公信力的质量第三方,支撑国家的"质量兴国"战略,从而可以形成一批具有原创能力、能够引领经济发展的新兴服务业产业集群,为探索武汉东湖开发区现代服务业新模式、新机制起到示范作用;在"光谷",创立我国质量安全新兴信息服务业的策源地,能够完善与优化武汉和中部地区乃至全国的现代服务业产业体系,有助于增强我国新兴服务业的国际竞争能力,为全面建设"世界光谷"起到推进作用。

（三）平台的建设内容

平台建设主要包含四大子系统:质量安全数据采集子系统、质量安全数据处理子系统、质量安全数据分析子系统、质量安全数据门户应用子系统。平台总体架构和具体情况如图 5-1-1 所示。

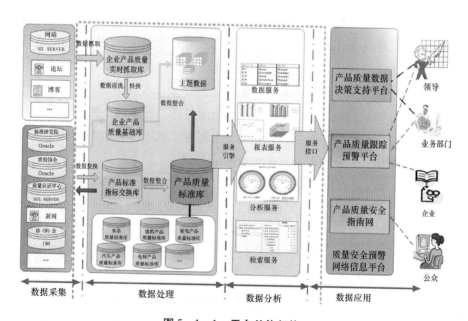

图 5-1-1 平台总体架构

质量安全数据采集子系统的对象，主要是互联网上消费者的切身感知信息，以及其他机构和政府部门的质量安全信息。质量安全数据处理子系统主要是针对子系统采集的数据建立各行业数据库，并对数据进行清洗、转换、分类、打标和整合。质量安全数据分析子系统从功能上划分为语料库管理、数据统计、数据分析、报表工具、客观分类体系和数据检索六个部分。质量安全数据门户应用子系统利用系统海量的数据，进行深度的挖掘和分析，为政府和企业提供质量数据决策支持、跟踪预警，为社会和各行业提供质量安全状况、消费指南等增值服务。

1. 质量安全数据采集子系统。质量安全数据采集子系统的数据采集对象主要是互联网网站和网页，数据源主要有两种：一是通过指定范围的网站对其进行抓取采集，支持新闻、博客、论坛采集；另一种是通过百度、奇虎网等搜索引擎根据关键词进行全网的数据采集。

在数据采集过程中，包含了对于正文内容的自动识别、自动去除广告及干扰信息等多项中文语言处理技术。此外，数据采集系统还能够针对网页中的图片进行采集下载，具有生成网页图片和快照、实现网站自动登录、利用代理服务器下载、JS 自动识别判断、分布式采集等多项功能。在数据采集子系统中采用模板技术，使用户的配置过程相当简便，采集配置简单、易学；采集界面可视化、人性化。

该子系统数据处理流程如下：通过配置采集来源、采集规则，设定行业相关的微博、论坛、博客、新闻站点清单，分配到采集服务器集群进行数据采集；采集后的数据，采用 HBase 统一存储管理。

各部分部署的程序及功能如下：采集服务器，部署网络数据爬取工具包、正文抽取工具包等组件，根据预设的来源、规则，完成数据下载、正文抽取等工作；采集数据库，采用 HBase 存储。

数据采集子系统存在如下三个扩展点：（1）扩大行业的覆盖范围。增加人工标注的站点清单，调整元搜索或爬虫解析模板，即可实现行业覆盖范围的扩展。（2）增加行业。定制该行业的站点清单，即可完成新行业数据的采集工作。（3）处理能力扩容。通过增加采集服务器的数量，可提升数据采集的下载能力；通过增加 HBase 节点的数据量，可提升数据采集的存储能力。这两种修改方案仅需调整采集子系统程序的配置文件。

2. 质量安全数据处理子系统。质量安全数据处理子系统主要是针对采集子系统的数据进行整理、处理。主要包括对数据的整理、编辑、删除、新增等维护工作，支持通过关键词的自动分类，支持无限级分类体系。

数据处理子系统主要用来整理采集到的数据，为后续系统提供数据优化支持。本子系统主要完成采集数据的预处理过程，包括文章查重与相似度分析、自动生成摘要和关键词等多项中文语言处理技术，处理后的信息以结构化的形式存储在数据库中，供后续系统调用。同时，为审查系统等人工操作提供接口，操作人员可通过该子系统对数据采集子系统采集到的数据进行增、删、改、查等操作，剔除明显的无关数据，清理优化系统数据。

3. 质量安全数据分析子系统。

数据分析子系统以质量安全语料库为基础，将采集处理后的结构化数据经过模式匹配、分类、聚类等语义分析，以及各类数据统计后，针对各个分析维度进行数据存储，构建数据仓库，供后续系统调用。

（1）质量安全数据分析子系统从功能上划分，主要分为语料库管理、数据分析两个功能。

语料库管理是系统数据分类、信息研判的基础，语料库的建设与管理是系统数据分析的重要基石。语料库管理包括对通用语料库、专业语料库、分类样本库的管理。语料库管理系统用于维护各种基础数据，包括基础数据、信息源数据、产品相关数据和分类及样本数据。语料库管理系统中的样本数据用于分类器训练，数据审查系统中人工标识后的数据可直接反馈到语料库管理系统中。

数据分析功能包括自动分类、自动聚类、热点发现、正负面信息研判、数据审查等。各类基础数据可同步到系统前端应用中，与其中的地域信息、产品信息、信息源信息、分类信息等一一对应。数据审查子系统对系统采集后、分析后等各层次数据进行分解查看，供数据分析师分析系统数据问题所在，并能对最终业务系统上的数据进行调整，还能将数据审查的结果反馈至数据分析组以调整相应子模块功能或基础数据。该子系统的数据处理流程如下。

● 采集分拣阶段：分析员对采集到的风险数据进行审核，判断是否与风险相关，如果不是，将该条数据标记为与风险无关，并记录到无关数据集合中供数据分析组分析；如果相关，判断数据标注的产品等维度是否正确，并对维度进行修正，标记为有关，将数据分发到下以流程。

● 数据分拣阶段：分析员对数据标注的维度进行再次审核，并判断是否与所标注的客户产品相关。

（2）质量安全数据分析子系统在部署上由分析服务器集群、分析数据库集群两部分组成。

分析服务器集群：部署语义研判工具包、雷同数据判定工具包、文本智能聚类工具包等程序，处理采集数据库的数据，完成对行业数据倾向性信息的抽取、分析、挖掘。分析服务器是本系统的处理核心。

分析数据库集群：部署 MySQL 存放行业的分析结果。并通过质量风险面板、标准报告、事件分析等展示出来，便于应用子系统提取和使用。数据分析子系统存在以下两个扩展点：

●行业：定义该行业的语义词典，调整算法。这是本系统扩展的核心和难点，算法需反复测试，方能达到较为理想的效果。

●处理能力扩容：通过增加分析服务器的数量，可提升数据分析的数据；通过增加分析数据库的存储，可提升数据采集的存储能力。这两种修改方案仅需调整分析子系统程序的配置文件。

4. 质量安全数据门户应用子系统。质量安全数据门户应用子系统是根据质量安全数据行业特点与行业需求，定制的一个质量安全数据展示、呈现平台，通过该平台可以将系统中收集到的信息、分析结果、生成的简报以图文方式进行展现，提供给用户和各级领导浏览、下载。质量安全元搜索平台是门户应用子系统中最为重要的子功能，其可供所有行业用户使用。通过该平台用户可以灵活定制搜索规则和任务，通过对百度、奇虎网等搜索引擎进行质量安全相关数据的采集，依靠质量安全数据分析引擎提供质量安全专业分析数据。用户可通过对历史元搜索结果的管理，进行查看、导出、永久保存或删除。

本子系统为用户提供一个功能强大的质量安全信息分析工具，包括每日监测报告、事件追踪、标准报告、风险看板、风险搜索、过滤器配置等主要功能。

每日监测报告：根据客户监测项为客户生成每日监测报告，包括"今日摘要""风险分类""风险趋势""风险地域""风险总表"五个组成部分。每一个监测项每天均生成一份每日监测报告。其中"风险分类""风险趋势""风险地域"分别以雷达图、柱状图、地图控件来展示数据。

事件追踪：查看突发质量安全事件相关报道与舆论，追踪事件传播源头，把握事件传播动态，提出质量安全的趋势，还进一步提供危害程度较小的主要人群和可能产生的经济损失等决策支持。

标准报告：从风险分类、影响力等各个维度切入，对库内信息进行汇总分析，并可针对任意维度进行展开和下钻等数据仓库基本操作。

风险看板：可按行业、企业、品牌、来源、地域、风险、产品以及自定义等维度建立部件，以饼图、柱状图、雷达图、曲线图、指数图和指标等形式呈现数据。

风险搜索：通过制定各种维度的参数及搜索关键词，对库内质量安全风险信息进行搜索。

153

过滤器配置：保存用户定义的对数据仓库事实数据的各种抽取方式，并将其存为模板并提供给各类图表控件以及统计报表使用。

二　平台服务模式及其价值

（一）平台服务模式创新

"质量安全信息监测与预警服务平台"运用武汉大学质量发展战略研究院创新的质量风险理论、价值工程理论，结合搜索技术、云计算、数据挖掘、语义分析、质量安全评价体系等新一代网络信息技术的集成创新，实时收集来自公共互联网的海量消费者感知的质量安全信息，经过深度的挖掘、提炼、分析、处理，及时向广大企业、消费者和政府提供富有价值的质量安全信息服务，为社会提供质量信号工具。

传统的质量安全监测和监管模式是通过企业内部的售后服务、投诉渠道、热线电话、市场调查、媒体以及政府监管部门的检验检测、抽查、执法等途径，获得产品的质量安全信息，然后责令企业回应、妥善处理或停业检查整顿。虽然消费者与企业和政府监管部门的质量安全信息互动早就存在，但仍存在着极大的信息不对称、信息数量有限、信息传递滞后、信息收集困难，难以智能化处理和挖掘利用，获得质量安全的规律性、趋势性判断。

该平台丰富了传统的质量安全监管模式，通过公共互联网对消费者海量的质量安全感知信息，实时的智能化在线监测、收集、识别、提炼、分析，获得消费者对产品或服务质量的评价，满足企业对消费者感知信息的刚性需求，及时把握质量安全发展动态和危机溯源，降低危机处理成本，督促企业及时改善产品质量和服务质量，提升企业核心竞争能力；同时通过对海量信息的聚类、汇总、统计，以提供第三方服务的方式及时发布区域质量指数、消费指南、事件披露，让更多的消费者，以更加便捷、更低成本的方式获得质量安全信息，从而营造消费者、企业、政府对产品质量的共同监管、信息共享、机制约束、优胜劣汰、公平公正的和谐市场竞争环境，形成了新的信息服务业态，引领相关产业的健康发展。

以技术创新、智能高效、成本分摊为特点，以"质量安全信息监测与预警服务平台"为质量安全信号工具，给消费者、企业、政府多方带来价值提升。满足消费者既是质量信息的生产者，也是质量信息的受益者；企业既是质量信息的需求者，也是质量信息的受益者；政府既是监管模式的需求者，也是质量信息的监管者的各种角色需求，从而创造出新的现代信息服务业态。

（二）具体服务模式

基于互联网第一时间抓取海量的、消费者切身感知的质量安全信息，利用语义分析和数据挖掘技术，得出产品的质量安全评价，作为质量第三方企业、机构及消费者等有偿提供产品质量监测与预警信息的服务。

服务内容：基于互联网实时收集并挖掘出产品及服务的"质量安全监测与预警信息"——质量信息第三方服务（见图5-1-2）。

服务方式：基于互联网、移动智能终端、呼叫中心向企业、机构及消费者等互联网用户有偿提供质量信息服务。

服务对象：

• 企业：企业的产品质量安全监测与预警服务；

• 政府、行业协会等其他机构：区域、行业的产品质量安全状态监测与预警服务；

• 消费者：提供消费指南，引导消费安全的产品及其他增值服务。

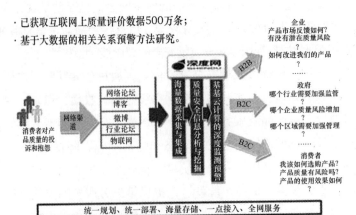

图5-1-2　质量网络信息监测与预警平台第三方服务

本平台以满足企业、消费者和政府对产品或服务的质量安全信息的迫切需求为目标，提供质量安全信息监测与预警服务，形成一条基于互联网驱动的质量安全信息监测与预警服务产业链。平台为客户创造的价值如下：

1. 为企业的健康发展保驾护航。通过专业的行业语料库和风险分类指标，利用语义分析和数据挖掘技术，准确理解和度量消费者的投诉和抱怨，采用"C2B2B"服务模式，为企业提供产品质量安全网络监测和预警服务。该平台可使企业实时获得自身质量风险最大的产品型号、风险最大的分类指标、风险最大的销售地域等一系列分析结果，帮助企业及时发现问题，变事后处理为事前预防，找出解决方案，从而避免出现更大的损失，进而降低企业成本，保障企业安全运营，维护企业社会形象。

2. 为百姓提供消费服务指南及其他增值服务业务。消费者可以随时通过各种网络智能终端获得其关注产品的相关质量风险评价信息，为其提供商品消费指南。同时提供消费者即时评论和投诉的网络渠道，通过源源不断的信息累积效应，利用"C2B2C"正反馈模式，形成吸引消费者主动评价和持续消费的滚动发展机制。该平台能够提高消费者的知情权，引导消费者购买安全产品，最大程度保护消费者合法利益，让消费者买得放心，买得安心，最终实现"深度一点，美好生活"的愿景。

3. 为政府质量安全监管提供科学支撑和决策支持。通过对政府所管辖的区域、支柱行业和龙头企业的网络质量安全信息监测和决策分析，采用"C2B2B"的商业服务模式，为政府提供区域的安全态势预警和决策支持工具。政府通过该平台可以有效地发现本地区当前质量安全问题突出的行业、企业和产品，主动组织相关部门开展有针对性的质量安全督查工作，降低政府整体监管成本，真正实现"以人为本"的施政理念。

（三）服务模式价值

"质量安全信息监测与预警服务平台"是一个创新型平台，通过对政府（监管方）、企业（质量生产力）和消费者提供实时的质量安全信息监测与预警服务，协调三方之间的关系，保证三者之间关系的健康和谐发展，创造了全新的质量安全博弈和互助机制，优化了整个产业链，填补了国内相关领域产业的空白。

1. 提升了传统的以政府主导的产品抽查、质量检测为主线的动态质量安全监管方式效率，使其更为准确、及时、有效。

传统的质量监测领域由政府主导，大量投资和建设产品检测的相关技术

155

和检测机构,在产品的生产和流通环节进行产品的抽样检测,似乎只要从物理、生化技术的层面加大对产品的检验,就可以准确获得质量安全隐患信息。然而面对越来越丰富的产品和市场,仅仅通过对产品的抽检这种小概率的质量监督和监测方式,根本无法满足市场和老百姓日益增长的对产品的质量安全需求。虽然政府的投入越来越大,但是治理效果却越来越不令人满意。政府大量的行政关注都是针对已经发生的事件的处理和验证,而不是对可能发生的事件的遏制。而本项目平台,确是从消费者端出发,在互联网上抓取消费者在使用产品之后的实际感知信息,并通过科学分析挖掘,从而对产品进行质量评价。消费者对产品使用效果的描述具有直观性特点,在第一时间对这些海量信息进行收集和汇聚,并进行回归分析和一般性评价,就可以发现产品质量安全风险,并进行不同程度的预警。将这些质量监测与预警信息服务于政府,可使得政府的质量安全监管变得更加准确、及时、有效。

2. 打造消费者网络评价互助生态链,形成真实准确的产品质量评价体系。

多次的质量安全事件证明,消费者的产品口碑可以成就一个企业,也可以瞬间毁掉一个企业。本平台通过收集网络上碎片化的消费者对产品消费真实过程的感知信息,并给予科学的质量安全风险分类和评估体系的指导,形成一个基础的产品和服务的评价消费指南。消费者则借助其他消费者反馈信息所产生的消费指南,进行消费决策。同时平台提供便捷的产品消费感受评论和投诉平台,打破消费者之间的沟通屏障,形成"人人为我,我为人人"的消费信息"滚雪球"式的生产模式。这种基于用户产生数据的网络平台有着低投入、高产出的特点,有着巨大的用户黏度和旺盛的生命力。

本平台立足于打造基于消费者口碑的优胜劣汰的产品口碑生态,不仅可以引导消费安全产品,最大程度地保护消费者的合法利益,增加了消费者面向企业的博弈能力,而且对企业产生了巨大的吸引力和威慑力,帮助企业挖掘消费者的意见,不断完善产品质量,提高产品口碑。

3. 具有很强的辐射性,形成一条基于互联网驱动的质量安全信息服务产业链。

平台的业务发展路线,强调的是开放共享的质量安全信息服务平台的整合作用,强调"核心服务业务自主经营,增值服务业务协同开发经营"的业务发展路线,全力打造开放的"深度网"公共服务平台。平台提供的质量安全监测与预警信息服务,通过产业化示范和引导作用,上游带动各行业的质量咨询、投诉平台、质量检测、质量排名、质量指南及相关法律、法规咨询等增值服务业务，并协同其他专业服务公司共同经营，引领、带动相关质量服务业态的发展。下游带动云平台服务行业、物联网应用服务行业、智能信息分析技术行业，形成以质量安全信息需求为核心的新的业态链。

三　核心技术

157

本系统基于互联网产品质量信息识别和预警方法设计的理论创新，研究了网络质量信息语言与质量安全之间在语义上的转换、逻辑和相关性，它将成熟的互联网搜索技术、数据挖掘技术与公司自主开发的中文质量安全语料库、质量安全评价体系集成于一体，实现了对产品质量安全风险的评价，是典型的集成技术创新（见图5-1-3）。

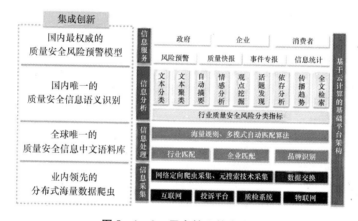

图5-1-3　平台核心技术原理

（一）基于分布式及元搜索的质量安全数据采集

本平台采集程序采集对象主要是互联网网站和网页，数据源主要有两种：一种是通过指定范围的网站对其进行抓取采集，支持新闻、博客、论坛和微博采集；另一种是通过百度、谷歌、奇虎网等搜索引擎根据关键词进行全网的数据采集。

（二）基于中文的质量安全语义分析

对互联网上所获取的消费者质量安全信息进行语义分析，并构建反映汽车、食品、服务业等质量安全特征的行业语料库，通过语义分析和挖掘技术，对监测数据进行语义分析和提取，通过知识元提取、信息分类和聚类相关技术，实现信息的深层次过滤和挖掘。

（三）基于消费者质量安全网络信息的第三方评价体系

基于自主知识产权研究开发的"质量安全风险评价体系"是武汉大学质量发展战略研究院科研成果的应用实现。该评价体系通过收集、汇总网上来自于消费者的各类质量安全信息，并对收集到的信息从安全性、服务质量、产品性能、经济性等多个方面进行分类，并在此基础上深度挖掘，最终形成质量评价的多维度分类体系。

第二节 平台系统分析与设计

一 系统总体结构

系统总体分层结构如图 5 - 2 - 1 所示。

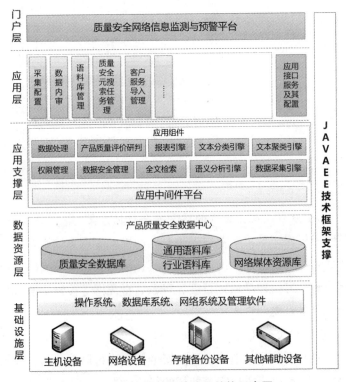

图 5 - 2 - 1 系统总体分层结构示意图

系统以 JavaEE 技术框架为主线支撑，分为"基础设施层""数据资源层""应用支撑层""应用层""门户层"五层结构。基础设施层提供系统运行所需的软硬件环境；数据资源层为上层应用提供基础数据；应用支撑层基于数据资源层所提供的数据，通过应用中间件平台为上层提供各种数据处理、分析、管理基础引擎及各种组件；应用层为最终用户提供系统使用接口；门户层为最终数据呈现提供支撑。

各子系统之间的关系如图 5 - 2 - 2 所示。

159

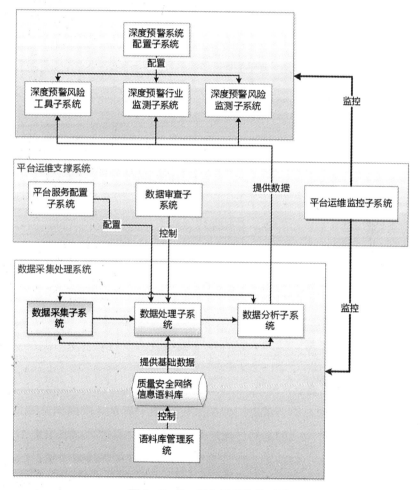

图 5 - 2 - 2　平台子系统关系图

平台从使用逻辑上分为三个子系统集，数据采集处理系统负责采集和处理目标互联网信息；平台运维支撑系统供深度网平台运维团队使用；平台前端应用系统供客户使用。

系统整体的程序部署逻辑结构如图 5 – 2 – 3 所示。

160

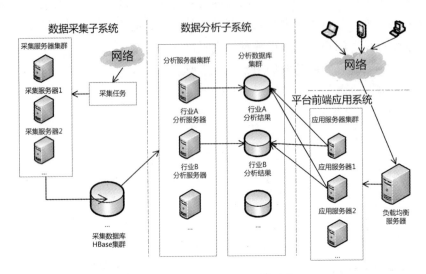

图 5 – 2 – 3   程序部署逻辑结构

由图 5 – 2 – 3 可见，每个子系统从逻辑上独立，可分别部署在独立的服务器上，通过网络交换数据，也可联合部署在一台物理服务器上。

二 平台子系统组成

根据"质量安全信息监测与预警平台"的建设目标，可以将整体系统分为质量数据采集、处理、分析、应用，以及语料库、客户关系管理、风险监测、事件追踪等十一个子系统：

（一）数据采集子系统

质量安全数据采集子系统的数据采集对象主要是互联网网站和网页，数据源主要有两种：一种是通过指定范围的网站对其进行抓取采集，支持新闻、博客、论坛采集；另一种是通过百度、奇虎网等搜索引擎根据关键词进行全网的数据采集。

通过配置采集来源、采集规则，设定行业相关的微博、论坛、博客、新闻站点清单，分配到采集服务器集群进行数据采集；采集后的数据，采用

HBase 统一存储管理；采集服务器用来部署网络数据抓取工具包、正文抽取工具包等组件，根据预设的来源、规则，完成数据下载、正文抽取等工作。数据采集子系统存在以下三个扩展点：（1）扩大行业的覆盖范围：增加人工标注的站点清单，调整元搜索或爬虫解析模板，即可实现行业覆盖范围的扩展。（2）增加行业：定制该行业的站点清单，即可完成新行业数据的采集工作。（3）处理能力扩容：通过增加采集服务器的数量，可提升数据采集的下载能力；通过增加 HBase 节点的数据量，可透明提升数据采集的存储能力。这两种修改方案仅需调整采集子系统程序的配置文件。

161

　　此外，数据采集子系统还能够针对网页中的图片进行采集下载，具有生成网页图片和快照、实现网站自动登录、利用代理服务器下载、JS 自动识别判断等多项功能。

　　（二）数据处理子系统

　　数据处理子系统主要用来整理采集到的数据，为后续系统提供数据优化支持。本子系统主要完成采集数据的预处理过程，包含对正文内容的自动识别、自动去除广告及干扰信息、文章查重与相似度分析、自动生成摘要和关键词等多项中文语言处理技术，处理后的信息以结构化的形式存储在数据库中，供后续系统调用。同时，为审查系统等人工操作提供接口，操作人员可通过该子系统对数据采集子系统采集到的数据进行增、删、改、查等操作，剔除明显的无关数据，清理优化系统数据。

　　（三）数据分析子系统

　　数据分析子系统以质量安全语料库为基础，将采集处理后的结构化数据经过模式匹配、分类、聚类等语义分析以及各类数据统计后，针对各个分析维度进行数据存储，构建数据仓库，供后续系统调用。

　　（四）语料库管理子系统

　　语料库管理是系统数据分类、信息研判的基础，语料库的建设与管理是系统数据分析的重要基石。

　　语料库管理子系统用于维护各种基础数据，包括基础数据、信息源数据、产品相关数据和分类及样本数据。

　　语料库管理子系统中的各类基础数据可同步到系统前端应用中，与其中的地域信息、产品信息、信息源信息、分类信息等一一对应。

　　语料库管理子系统中的样本数据用于分类器训练，数据审查系统中人工标识后的数据可直接反馈到语料库管理系统中。

(五) 客户关系管理子系统

客户关系管理子系统主要供平台商务运维人员使用,是平台服务的基础配置系统。本子系统为商务代表提供客户资料导入、商务活动跟踪等基础客户关系管理的功能;为客户数据服务专员提供服务开通、服务设定、查看客户服务使用状态的功能。此外,还有对平台内中所需要的产品、企业、品牌、行业进行设置。统计分析客户监测项、监测账号、容量的使用情况,以及审查用户数据审查情况。

客户关系管理子系统主要有以下使用流程:

1. 导入客户资料,为客户配置、管理客户服务,例如配置客户服务级别、配置客户监测项、查看客户服务使用状态、分析客户使用日志。

2. 管理客服代表及其客户权限,查看其工作状态。

(六) 数据审查子系统

数据审查子系统对系统采集后、分析后等各层次数据进行分解查看,供数据分析师分析系统数据问题之所在,并能对最终业务系统上的数据进行调整,还能将数据审查的结果反馈至数据分析组,以调整相应子模块功能或基础数据。

该子系统的数据处理流程如下:

1. 采集分拣阶段:分析员对采集到的风险数据进行审核,判断是否与风险相关,如果不是,将该条数据标记为与风险无关,并记录到无关数据集合中供数据分析组分析;如果相关,判断数据标注的产品等维度是否正确,并对维度进行修正,标记为有关,将数据分发到下以流程。

2. 数据分拣阶段:分析员对数据标注的维度进行再次审核,并判断是否与所标注的客户产品相关。

(七) 平台运维监控子系统

平台运维监控子系统用于配置系统数据采集,监控数据采集子系统、数据处理子系统、数据分析子系统运行状态,还需监控系统总体负载情况。本系统主要是对其他子系统的运行状态进行监控,依赖于其他子系统提供监控接口。

(八) 深度预警行业监测子系统

深度预警行业监测子系统是从行业分类维度切入对库内信息进行汇总分析,用户可在任意行业分类进行展开以及查看行业分类对应的详细信息,在详细页面可以以产品和地域为条件进行过滤。

（九）深度预警风险监测子系统

深度预警风险监测子系统是从风险分类维度切入对库内信息进行汇总分析，用户可在任意风险分类上点击查看对应的风险详细信息，在详细页面可以以产品和地域为条件进行过滤。

（十）深度预警风险工具子系统

本子系统为用户提供了一个功能强大的质量安全信息分析工具，包括每日监测报告、事件追踪、标准报告、风险看板、风险搜索、过滤器配置等主要功能。

163

（十一）深度预警系统配置子系统

客户方管理员可进行的系统配置，包括用户组管理、角色管理、账号管理、操作日志管理。

用户组管理：管理客户的用户组信息，并为账号分组提供数据。角色管理：管理客户的角色信息以及授权信息。账号管理：管理账号信息，包括账号基本信息、账号密码等。操作日志管理：查看和管理用户的操作日志，包括登录、查看各功能以及所作检索的日志。

三　系统数据结构设计

（一）数据流程设计（见图 5 - 2 - 4）

质量数据采集：通过定向采集和元搜索对互联网上的各大媒体、论坛、微博等网站进行抓取，筛选符合的信息抓取下来。

质量数据处理：对抓取下来的文章进行分析，判断是否与质量风险相关，并根据分类器进行二次分类，将数据分为安全性、产品性能、经济性、服务质量、运营质量、公众形象等维度，为该文章进行行业、产品和地域等标注工作。

质量数据分析：对处理后的文章进行按照设定的规则汇总分析，并为该文章贴上行业、企业、品牌、产品、地域、信息源、媒体类型等标签，综合文章所属的七个质量维度属性，进行数据关联分析。

质量数据应用：通过各种方法和手段，实现数据可视化呈现，以多种方式呈现给客户。

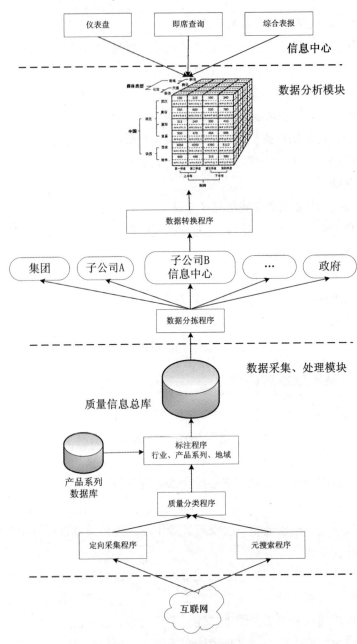

图 5 - 2 - 4　数据流转流程图

（二）数据处理过程

系统的数据处理过程如图 5 - 2 - 5 所示。

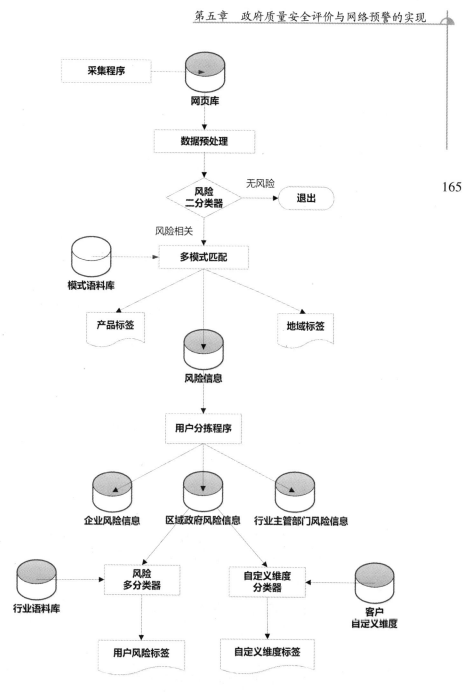

图 5 - 2 - 5　系统数据处理流程设计

系统的核心语义分析处理过程如图 5 - 2 - 6 所示。

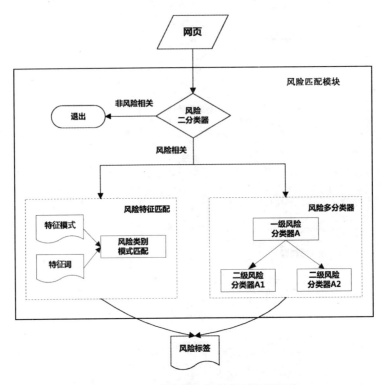

图 5 - 2 - 6   系统语义分析处理流程设计

语义分析流程说明：

1. 风险匹配模块分为企业通用风险分类、区域政府通用风险分类、行业通用风险分类三类。

2. 每个风险匹配模块均有对应的语料库支撑，语料库包括：

（1）行业风险类别定义：两级结构。

（2）行业二分类语料：

负样本：行业相关，但不是风险类的数据；

正样本：与风险分类相关的文章。

（3）行业多类别语料。

（4）特征词、特征模式：标注风险类型对应的特征词、特征词语组合。

3. 风险二分类器：

（1）判断内容是否与"风险"相关；

（2）排除无关文章；

（3）训练：负样本 + 所有正样本。

4. 风险模式匹配：基于词、词组精确匹配文章对应的风险类型，提高整体的正确率。

5. 一级风险分类器：

（1）多分类器；

（2）卡方特征选择算法；

（3）下属多个二级风险分类器。

1）分类有 N 个结果，均交由下属 N 的二级风险分类器进行分类；

2）无结果的，默认进入"综合"类别。

6. 二级风险分类器：

（1）多分类器；

（2）分类结果为最终匹配的风险；

（3）无结果的，默认进入"综合"类别。

7. 对 5、6、7 的匹配结果进行合并，写入数据库。

四　平台测试与实施

（一）测试目的

测试是为了达到以下目标：

1. 确认应该被测试的项目基本信息和已完成并等待测试的模块及功能；

2. 测试用例清单（高级别）；

3. 确认将要执行的测试活动；

4. 介绍本次测试所要采用的测试策略；

5. 测试完成标准清单；

6. 确认开始测试所必需的相关资源；.

7. 提供　份预估的测试数据；

8. 测试计划的成果清单；

9. 确认测试活动执行时的模拟场景；

10. 影响测试活动的风险清单以及风险出现时的应对解决方案；

11. 确认度量测试进度的标准。

（二）测试范围

对相关组件及整个系统进行功能性检查，对技术实现进行检测，对整

167

个系统的实用性及人性化进行评估，希望能得到最终实用可靠的版本。本用例文档覆盖项目所有功能点。测试范围：接口测试、功能测试、健壮性测试、性能测试、用户界面测试、压力测试、安装与反安装测试。

本平台是一个以信息采集与挖掘为主的项目，所以针对数据的准确性、有效性进行测试非常有必要。数据有效性分为以下几个方面：

1. 信息召回量；

2. 信息标签准确度，包括信息发布时间、信息来源；

3. 信息主体抽取准确度；

4. 质量安全分类准确度。

（三）测试内容

1. 本次测试需要分别准备待测行业语料库、模拟客户、模拟用户的数据。

2. 行业语料库包括汽车行业、乳制品行业、建材行业等。

3. 客户数据包括客户（公司）基本信息、公司别名、监测产品清单，其中监测产品数据包括产品所属行业、品牌、产品别名等。

模拟用户数据包括用户名、用户密码、用户组设定、用户权限设定。

（四）测试策略

1. 功能测试策略。系统测试范围（H 表示高优先级、M 表示中等优先级、L 表示低优先级）。

（1）功能测试（H）

1）验证所有软件功能正常运行（H）；

2）验证操作完整性，软件界面上所有可操作元素均能正常操作，快捷键可正常触发（H）；

3）验证配置数据完整性，配置数据及系统日志是否完整记录（M）；

4）外观测试（M）。

（2）安全性测试（H）

1）验证系统是否能在不同用户登录时均能正常运行，无权限用户是否能登录系统（H）；

2）验证多客户端支持功能是否能正确支持多客户端共同访问系统进行实时监控查看以及检索（L）。

（3）数据质量测试（H）

1）验证采集后数据是否存在发布时间错误、文本乱码、信息源映射不准确（H）；

2）验证分类后数据是否存在重复计数、分类严重不准确的问题（H）。

2. 兼容性测试策略。本次测试主要需对主要平台上的主流浏览器的重要版本进行兼容性测试，兼容性测试的范围（H 表示高优先级、M 表示中等优先级、L 表示低优先级）。

（1）可用性测试（H）

1）验证应用的各种功能特性均能正常操作运转（H）；

2）验证应用外观是否仍保持基本一致，验证是否存在数据显示错误、乱码、界面元素错位等错误（H）；

3）验证操作完整性，软件界面上所有可操作元素均能正常操作，快捷键可正常触发（H）。

（2）软硬件兼容性测试环境。本次软件兼容性测试主要是进行浏览器兼容性测试，详细测试清单如表 5 - 2 - 1 所示。

表 5 - 2 - 1　　　　　　　　　**软件兼容性测试环境**

平台	浏览器	备注
Windows XP	IE 8 及以上	1.2
Win 7	Safari 5 及以上	1.4
Mac（Lion）	Firefox 11 及以上 Chrome 18 及以上	

（3）缺陷阻止策略。我们将在每次测试迭代中针对出现的缺陷编写对应的测试用例，以防止相同错误再次发生。

3. 测试用例。测试用例的范围：接口测试、功能测试、健壮性测试、性能测试、用户界面测试、压力测试、安装与反安装测试。测试用例应包含以下信息：模块、优先级、类型（人工或自动）、初始条件和测试步骤、测试数据、预期结果、实际结果、状态（通过、未通过、有问题）。

用户、管理员可以通过比较简单的方式定制搜索规则，通过搜索引擎进行质量安全相关数据的采集，依靠质量安全数据分析引擎提供质量安全与行业分析数据。用户可对历史元搜索结果进行管理，可查看、导出、永久保存或删除。测试范围与目的是验证各个模块的基本功能是否正常。

第三节 质量安全分类算法与效能测试

质量安全网络信息监测与预警平台的核心目标之一，是从消费者角度出发，对互联网的海量数据进行风险分类特征分析，构建行业质量安全信息库，提供深度而准确的质量安全信息，发现产品质量安全相关的潜在危机和涌动的暗流，满足行业、机构、企业对自身产品的质量安全的预警需求。如何对互联网数据进行准确的分类分析，是平台的核心。

经过前期调研验证，平台采用文本分类方法进行互联网数据分析。文本分类是一种有监督的机器学习算法，通过对已知类别训练集的分析，发现分类规则，从而预测新数据的类别。平台根据预先定义的行业特征、行业内部类别特征，判定输入的文本隶属的类别，为后续的数据处理分析提供坚实的工作基础。

一 分类算法描述

（一）二分类算法

分类算法的标准处理过程如图 5 - 3 - 1 所示。

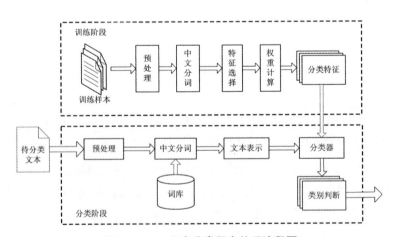

图 5 - 3 - 1 文本分类程序处理流程图

主要包含两个部分：

1. 训练模块：首先对训练样本进行人工分类，其次将分好类的文本集合通过机器学习，分析类别特征并形成分类器。

2. 分类模块：根据训练模块得到的类别特征对测试文本或待分类文本进行分类。

由图 5 – 3 – 1 可知，文本分类方法主要包含文本表示、特征选择、分类算法等部分。

常见的分类算法如下：

（1）决策树算法。决策树学习是一种以实例为基础的归纳学习方法，决策树算法对于相对小的数据集是很有效的。当这些算法用于非常大的、现实世界中的数据库的挖掘时，有效性和可伸缩性就成了关注的问题。

决策树算法的优点：

1）与其他分类方法相比相对较快；

2）容易转化为分类规则，也容易转化为 SQL 查询；

3）近似的或者更好的准确度。

决策树算法的缺点：

1）在构造树的过程中，需要对数据集进行多次的顺序扫描和排序，因而导致算法的低效。

2）只适合能够驻留于内存的数据集使用，当训练集大得无法在内存容纳时程序无法运行。

（2）贝叶斯算法。贝叶斯分类基于贝叶斯定理，它是一类利用概率统计知识进行分类的算法。分类算法的比较研究发现，朴素贝叶斯分类算法可以与决策树和神经网络分类算法相媲美。

贝叶斯算法的优点：方法简单、容易实现、分类准确率高、速度快，且应用于大型数据库中，也已表现出高准确率与高速度。

贝叶斯算法的缺点：

1）贝叶斯定理假定一个属性值对给定类的影响独立于其他属性的值，预测未知样本的类别为后验概率最大的那个类别。然而在实践中，由于变量之间的依赖可能存在，此假定经常是不成立的，因而其分类准确性下降。

2）该算法没有分类规则输出。

（3）支持向量机算法。采用支持向量机算法（Support Vector Machine，SVM），是一种基于机器学习的分类方法。该方法通过寻找合适的核函数，构造最大距离超平面，将非线性样本空间映射到线性空间，使得不同类别分别位于超平面的两边，而且距离最大，具有很好的泛化能力。

171

通过该函数实现的最优线性分类面示意图如图 5 - 3 - 2 所示。H 表示最优分类超平面，H_1 与 H_2 分别位于该分类面的两侧，实现两类文本的分类。

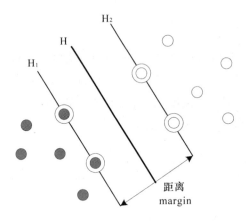

图 5 - 3 - 2   支持向量机的最优分类面示意

其中，文本模型采用向量空间模型，文本由一组特征词及特征词的重要程度来表示。这里特征词不再是简单的出现与否，而是通过由计算得出的重要程度即权重来表示。建立一组 n 维规范化正交词条组成的向量空间，每个文本都可表示为该空间中的一个 n 维向量，每个维度的向量值即该维特征词对应的权重。因此文本的相似度问题就转变成向量之间的距离问题，向量之间的距离如公式所示。

$$\text{sim}(q,p) = \frac{\sum_{i=1}^{n} X_i \cdot Y_i}{\sqrt{\sum_{i=1}^{n} X_i{}^2} \sqrt{\sum_{i=1}^{n} Y_i{}^2}}$$

式中，目标向量为 $q = \{X_1, X_2, \cdots, X_n\}$，待分类向量为 $p = \{Y_1, Y_2, \cdots, Y_n\}$，$X_i$ 与 Y_i 分别表示向量 q 与 p 中特征词 i 的权重值。

支持向量机算法的优点：有较好的适应能力和较高的分准率，泛化能力强。

支持向量机算法的缺点：处理大规模数据集时，往往需要较长的训练时间。

本平台采用支持向量计算法，特征选择采用卡方特征选择算法计算权重。

（二）多分类算法

在二分类算法基础上，采用一对多法实现多分类。将其中的一个类别的样本作为正样本，其余类别的样本作为负样本进行训练，构建该样本的二分类器。该方法需要构建 n（n 为类别数）个二分类器，可以将一个文本可以分为 0、1 或是多个类别。

该方法的缺陷是样本不均衡导致偏真问题，一般都采取了相应策略解决样本不均衡的问题，本算法采用样本惩罚因子来达到平衡样本的目的。

本项目中，风险类别包括两级目录，如一级类别有安全性、产品性能、经济性、服务质量、运营质量、公众形象。其中安全性包括身体伤害、性状改变、不安全感。在算法实现过程中，采用两级多分类器，第一级多分类器对一级类别进行分类，第二级多分类器对相应的一级类别进行再次分类。

算法调用流程图如图 5 - 3 - 3 所示。

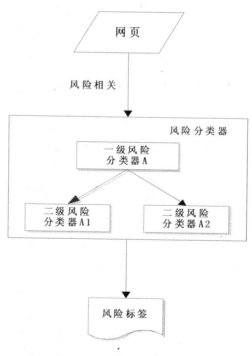

图 5 - 3 - 3　多分类算法流程

算法改进。为进一步提升分类算法的准确率和召回率，在分类算法中引入"模式"处理。

1. 模式定义。模式的构建过程完全由人工完成，如图 5 - 3 - 4 所示。

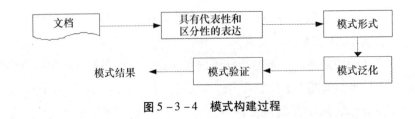

图 5 - 3 - 4 模式构建过程

（1）具有代表性和区分性的表达

例 1 "农夫山泉内惊现创可贴"。

需要注意的是，这里的代表性是指典型的表达，如例 1。而类似"我们一般都喝农夫山泉"这类表达不能典型地代表用户的意见，则不算作具有代表性。

另外，区分性是指能与其他类（一级类别或二级类别）区分开的表达，即不太可能属于其他类别的表达。如例 1，一般只属于食品安全类。但这不是说一个模式一定不能属于其他类。一个模式可以属于多个类别，即仍可以兼类，但若一个模式不太可能属于其所属多个类别之外的类别，则这个模式就是一个好模式。

还需要注意的是，表示比较和疑问的表达暂不考虑，例如"农夫山泉真的有营养吗"或"农夫山泉不如康师傅矿泉水"。

（2）模式形成

针对（1）中的表达，提取出可概括的词及词间的顺序，去掉不必须存在于模式中的词。

例如，对于例 1，可以提取出"农夫山泉""惊现""创可贴"，而"内"这类词不必须存在于模式中，即去掉这类词，意义基本不发生变化。

词语提取完毕后，根据出现在文中的顺序，构成模式。例如，例 1 中的模式为"农夫山泉 + 惊现 + 创可贴"。

需要注意，模式形成应尽可能准确，即不会产生歧义。例如，若提取模式为"老酸奶 + 好"，其本意是用户对老酸奶的评价，但这个模式会产生歧义，如用该模式能够匹配以下片段："老酸奶最好饭前喝"，而这句话与用户评价无关。

（3）模式泛化

针对（2）总结的模式，扩充各词语为词语集合，增加模式的泛化能力。

例如，对于模式"农夫山泉 + 惊现 + 创可贴"，可泛化为

图 5 - 3 - 5　模式"农夫山泉 + 惊现 + 创可贴"的泛化

泛化可以通过两种方式：一是合并（1）中找到的多个实例，比如文本片段"康师傅矿泉水里有异物"，可以与例 1 中抽取的模式进行合并；二是通过人工添加词语，比如对每一个词语，找出其同义或相关的词，添加进词集，最后原始模式中的每个词语都被一个词集代替。

泛化的目的是增加召回率。但在泛化时必须先保证准确率，即利用泛化结果生成的每一种表达都必须和原有的模式具有完全相同的类别。

（4）模式验证

模式验证的目的是检验（3）中生成的模式的正确性。由于最终模式的生成是一个笛卡尔集，因此需要检验每一种搭配是否合理。检验过程如图 5 - 3 - 6 所示。

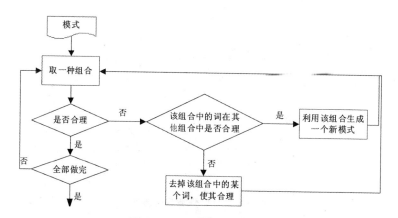

图 5 - 3 - 6　模式验证流程

需要注意的是，如果某种组合不合理，也不要急于删除该组合，而是先考查该组合中的词是否都不合理。如果该组合中的词存在于其他合理的组合中，则说明该组合是不合理组合，此时可以将该模式分成两类，以去掉这种不合理搭配的现象。具体的数学依据可参考笛卡尔集性质。若该组合中的词不存在于其他合理的组合中，说明该组合中的词语收集错误，需去掉组合中的某个（或某些）词，使之合理。

176　　　经过模式验证后，生成的模式即为领域本体知识。

2. 算法流程图。改进后的算法流程如图 5 - 3 - 7 所示。

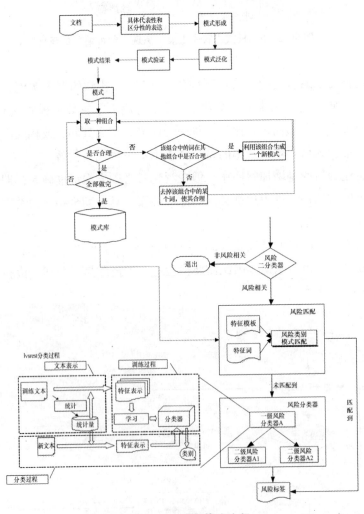

图 5 - 3 - 7　分类算法流程

（三）评价指标

采用准确率（P）、召回率（R）和调和平均数（F1）作为评价指标。准确率 P 反映了一个分类器对于类别的区分能力，准确率越高，表明分类器识别正确个数与总个数差距很小，即识别错误的数量低。召回率 R 反映了一个分类器的泛化能力，召回率高说明这个分类器能够把正确的类型识别出来，但并不关心识别出来的总个数。因此，如果准确率高而召回率低的算法虽然获取结果的可靠性较高，但对新语料进行分类时很多正确的类型就不能识别，因此推广能力不强。而召回率高、准确率低的算法能够对新语料中正确的类型识别起到很好的效果，但识别结果中错误的数量可能会很多。因此，单独使用准确率和召回率中的一个评价指标来评价分类算法是不可取的。

调和平均数 F1 也称为倒数平均数，是均值的一种表现形式。它能将准确率和召回率两个指标融合成一个指标，能够在一定程度上反映分类器的性能。调和平均数高，说明准确率和召回率都不会太低；而调和平均数低的话，通过分类器分类获得结果的准确率和召回率两个值，可能两个值都很低，也可能是其中一个值很低，表明算法性能不佳。

$$R = \frac{正确分类的文档数}{被测试文档的总数} \times 100\%$$

$$P = \frac{正确分类的文档数}{被分类器识别为该类的文档数} \times 100\%$$

$$F1 = \frac{2PR}{P + R} \times 100\%$$

二　算法验证与测试

（一）通用风险二分类

通用风险二分类进行如下评测：

1. 训练样本为 2000 正样本 + 2000 负样本，从语料库系统随机抽取。

2. 测试集为 1883 正样本 + 2000 负样本，从语料库系统随机抽取，与训练样本不重复。

3. 评测结果见表 5 - 3 - 1、图 5 - 3 - 8。

表 5 - 3 - 1　　　　　　　　　通用风险二分类测试结果 1

类别	正确	测试集	测试结果	准确率	召回率	F1 值
正样本	1498	1833	1975	75.85%	81.72%	78.68%
负样本	1523	2000	1858	81.97%	76.15%	78.95%

178

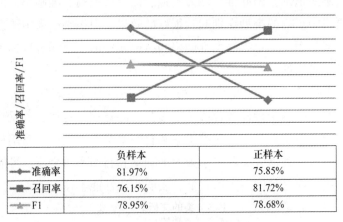

	负样本	正样本
准确率	81.97%	75.85%
召回率	76.15%	81.72%
F1	78.95%	78.68%

图 5 - 3 - 8　通用风险二分类评测

　　泛化测试，考虑到实际数据中，风险无关数据远大于风险相关数据，调整测试集为 3780 正样本 + 13702 负样本，由上线的内审子系统重新人工标注，与语料库系统的数据不重复，评测结果见表 5 - 3 - 2、图 5 - 3 - 9：

表 5 - 3 - 2　　　　　　　　　通用风险二分类测试结果 2

类别	正确	测试集	测试结果	准确率	召回率	F1 值
正样本	3239	3780	5298	61.14%	85.69%	71.36%
负样本	11643	13702	12184	95.56%	84.97%	89.96%

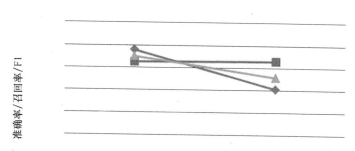

	负样本	正样本
◆ 准确率	95.56%	61.14%
■ 召回率	84.97%	85.69%
▲ F1	89.96%	71.63%

图 5 - 3 - 9　通用风险二分类泛化测试

实测结果表明,分类器对正样本的召回率较好,对负样本识别不准确,存在把负样本判定为正样本的情况,导致正样本的准确率降低。后继将重点调整负样本训练集,提高负样本的质量,减少负样本错判。

(二)企业通用风险多分类

1. 企业通用风险分类一级类别评测结果见表 5 - 3 - 3、图 5 - 3 - 10。

表 5 - 3 - 3　　　　企业通用风险分类一级类别测试结果　　　　(单位:%)

类别	准确率	召回率	F1
安全性	76.89	49.51	65.39
产品性能	60.83	47.99	53.65
经济性	67.63	51.16	58.25
服务质量	80.25	46.58	58.95
运营质量	86.81	52.45	65.39
公众形象	65.34	60.65	62.91

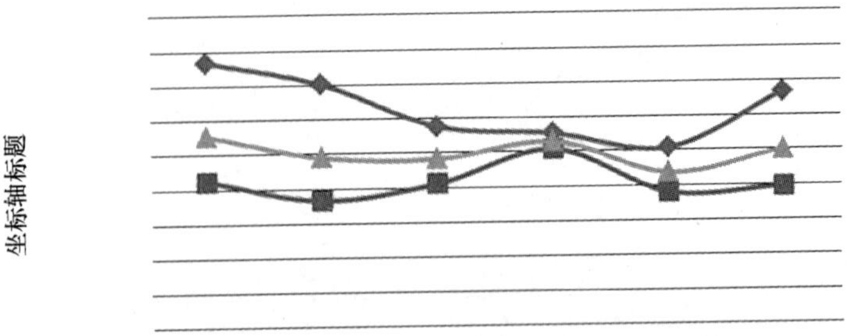

	运营质量	服务质量	经济性	公众形象	产品性能	安全性
准确率	86.81%	80.25%	67.63%	65.34%	60.83%	76.89%
召回率	52.45%	46.58%	51.16%	60.65%	47.99%	49.51%
F1	65.39%	58.95%	58.25%	62.91%	53.65%	65.39%

图 5-3-10　企业通用风险一级分类评测指标

2. 企业通用风险分类二级类别测试结果见表 5-3-4、图 5-3-11。

表 5-3-4　　　企业通用风险分类二级类别测试结果　　　（单位:%）

类别	准确率	召回率	F1
不安全感	73.28	67.61	70.33
身体伤害	83.72	83.24	83.48
性状改变	92	81.18	83.48
易用性	70.55	65.19	67.76
可靠性	67.43	72.39	69.82
感官评价	82.09	69.18	75.08
性价比	63.58	62.75	63.16
品种多样性	86.15	70.89	77.78
使用成本	71.64	58.54	64.43
服务环境	83.72	67.92	75
客服系统	86.36	52.2	65.07
便利性	81.05	45.56	58.33
从业人员	81.5	59.49	68.78
社会责任与环保	91.79	80.92	86.01
人力资源	80.97	79.37	80.16
管理水平	87.58	81.03	84.18
人文环境	72.06	69.01	70.5

类别	准确率	召回率	F1
管理者形象	69.53	77.51	73.3
企业口碑	67.91	80.18	73.54
外部沟通	91.23	79.39	84.9

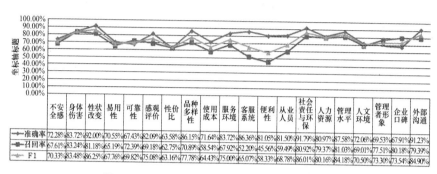

图 5-3-11　企业通用风险二级分类评测指标

第六章 一般性结论和启示

第一节 乳制品行业质量监管需要合作治理

2012 年中国乳业在经过几年的调整后，整体处于上升态势，市场容量在不断地扩张，企业的生产规模也在不断地扩大，对于产业链的建设，已经上升到企业的战略高度，很多区域型乳业开始出现较高的增长①。虽然整体市场处于不断回暖的趋势，但 2012 年却是继"三聚氰胺"事件之后，乳制品质量事件爆发数量最高的一年，乳制品行业发生的比较重大的安全事件就有 15 起，并且这些事件分布在乳制品制造业中的各个阶段，包括奶源、生产加工、生产运输以及市场销售等。现有乳制品监管手段已经不能适应行业发展的需要，应该改变现有乳制品监管的理念，实现以政府为主导、市场为主体、社会参与的合作治理模式②。

一 特征事实

（一）政府单一监管模式导致公信力下降

企业是质量安全的责任主体，是质量安全事件的第一责任人。然而，质量安全事件随着乳制品质量安全事件的爆发愈演愈烈，很多矛头在新闻媒体宣传下，直接指向政府部门监管不力。对政府质量管理职能定位的模糊与摇摆，让质量监管部门承担了过多的、也承担不了的质量管理责任。而乳制品质量安全事件，造成了质量监管体系的被动。事件发生前，乳制品企业的品牌许多都是国家免检品牌。事件发生后，政府机构不断发布许

---

① 侯军伟：《转型期中国乳业的发展——2012 年乳业市场回顾》，《中国乳业》2013 年第 133 期。

② 程虹、李丹丹：《中国质量发展观测报告》，《宏观质量管理》2013 年第 1 期。

多乳制品质量检测报告，却受到了民众的质疑。虽然报告中显示乳制品每月抽检的合格率都是100%，但是乳制品企业的安全事件依旧层出不穷，久而久之，政府质量监管的公信力逐渐下降，全能型的质量监管换来的是国家为乳制品企业安全事故责任买单。

质量问题是客观存在的，无论在国内还是国外，都有一些质量安全风险发生。体制机制的设计，能够在一定程度上降低质量安全问题发生的概率，但是不能够完全避免质量安全事件的发生。群众关注的焦点仍然停留在政府需要为企业的质量过失承担责任的基础上，而政府应该跳出这个怪圈，否则，将会一直处于公信力损失的境况，这对政府、社会和市场都毫无益处。

（二）国产乳制品信任缺失

"按常理来说，既然国人对奶粉推崇备至，要重建国产奶粉的信心，就必须采取与国外发达国家同等的标准甚至是比国外发达国家更严的标准。"但是，至今国产奶粉的生产制造标准，仍然只能说"差异微乎其微"，特别是2011年制定的乳业新国标，被称为"全世界最低标准"，这也加大了国人对国产奶粉品质的不信任。从这件事情折射出一个现象，乳业新国标被少数企业控制。企业的个体理性行为导致了集体的非理性，而这种非理性造成了国民对于国产乳制品的更加不信任。乳业新国标的制定应该借鉴合作治理的理念，让更多利益相关者，特别是消费者组织参与，从而取信于民。

目前，虽然政府对食品的抽检大多有检测指标，但是由于缺乏标准，对指标外的化学添加剂则很难测出。国内的一些食品检测机构不仅收费较高，而且流程烦琐，基本上针对的是企业客户，消费者想要检测手里的食品状况比较困难。并且我国的很多独立第三方食品检验机构在接受商家的检测委托时，大多在合同中约定保密义务。一些检验机构便以此为理由，认为独立第三方机构没有义务公开客户的资料。作为一个个体，消费者难以享受第三方检测提供的服务，这导致了消费者对乳制品质量信息的极大不对称。比较好的解决办法，就是引入比较试验方法，大力发展面向消费者服务和独立经营的第三方比较试验机构。

如今也一样，主流品牌完全合格，何为主流品牌？也许在官方看来是不言而喻的，但在国人对国产奶粉整体不信任的背景下，在公众的心目中可能就没有一个国产奶粉的主流品牌，所以就无品牌可以信任。退一步

183

讲，即使公众对国产奶粉主流品牌有基本的认知，但也会不确定自己认为的主流品牌是不是真的主流品牌，整个市场已经形成了一个恶性的"劣币驱逐良币"的市场，用户无法区分到底国产的哪个品牌好哪个品牌坏，所以用户产生了通通不信任的感觉，或者采用最低的价格购买国产品牌的奶粉，而基于这种情况，国产品牌不得不采用低质量的产品来满足消费者，从而使整个市场陷入了一种恶性循环当中。国产乳制品行业不思考如何提高产品质量，而是思考如何用空泛的数据去提升消费者的信心。

从另一方面来看，中国尚未真正意义上存在一个能够保持自己的中立性、公正性和权威性的独立的第三方机构，帮助企业、民众重拾对国产乳制品的信心。

（三）网络自媒体时代消费者拥有最终质量评价权

消费者是整个社会中最好的质量监管者，消费者的质量意识与行为对整体的质量发展水平具有决定性的作用。没有消费者的觉醒，中国质量就没有前途，质量的有效治理就很难得到实现。国内频发的食品安全事件，严重影响着国人对国产食品的信任，在国内奶粉市场萎靡不振、质量安全得不到保证的情况下，一些所谓的国外品牌销售火爆。许多年轻的家长认为买"国外"的品牌就是买放心，"国外"的品牌就是质量的保证。因此出现了中国新妈妈在选购奶粉时都持有"宁选贵的，不选对的"的心理。目前大部分的家庭都是独生子女，不能输在起跑线上的理念一直存在于父母的心中，何况是事关孩子一生幸福的健康问题，所以食品质量安全成为消费者的首选因素。

进入互联网时代后，质量安全的信息不对称现象得到极大缓解。随着"微博"等"自媒体"传播方式的出现，每一个消费者几乎都可以成为一个独立的媒体，因此，企业质量安全信息的传播，表现出极强的即时性和互动性。网民通过自媒体工具，在官方监督之外，谈论公众关心的话题，进而寻求食品质量安全问题的解决方式。产品质量安全的最终评价权，不在行业、企业，更不在政府部门，只有消费者才拥有最终评价权。在婴儿奶粉市场这个相对自由竞争的市场，消费者的选择就是用脚投票。2012年，"洋奶粉"在中国高端奶粉市场的份额已经达到80%以上，处于垄断地位，而国产奶粉的市场份额已经被洋奶粉所蚕食，这种格局在一线城市尤为明显。据业内知情人士介绍，目前在中国市场销售的上百个进口奶粉品牌中，近八成的"洋奶粉"只是贴牌奶粉。即使是这样，消费者仍然会选择相信"洋奶粉",购买"洋奶粉"。2013年3月,全国政协新闻发言人吕新华说中国乳制品的安全比例为99%这一说法,引起了网民的广泛议论。全国政协委员、CCTV主持人崔永元就直截了当地说,"当然没信心啦,因为我哪知道1%在哪里呀?"

据深度网质量安全信息监测与预警服务平台公布的数据显示,关于质量安全的信息共计67117条,从质量风险一级维度来说,安全性信息数据有21666条,占总体质量安全风险信息比例最大。二级维度中不安全感因素有14378条,占安全性因素的66.36%。品质决定上线,安全决定下线。消费者对于安全因素的自己的切身利益尤为关注,对于关系到新生儿的乳制品行业产品的质量与安全性会更加敏感。

二 理论分析

(一)合作治理

从社会管理的角度看,合作治理是政府为了达成公共服务的目标而与非政府的、非营利的社会组织,甚至与私人组织和普通公众开展的意义更为广泛的合作。中国现有质量体制的困境在于,企业质量主体的地位始终得不到确立,从而导致政府主体承担超越公共边界的责任。因而,迫切需要建设以政府为主导、企业作为市场主体和社会组织主体参与的质量共同治理模式。

以美国为例,政府与市场和社会的关系问题,始终伴随着美国政府质量管理体制的变迁而变化。美国并没有因为质量安全的公共性就固守于政府的单一管理,而是与其他市场主体、社会组织共同对质量安全进行治理,这是美国政府质量管理体制的又一重要特征。质量安全问题虽然是一个由政府进行监管的公共对象,但是由于质量安全风险的不确定性、监管对象的复杂性以及政府资源的有限性和官僚主义,特别是政府因"寻租"而导致的过度监管等诸多因素,政府的质量安全监管也会失灵。这就需要借助社会和市场的力量,来矫正和弥补政府监管的失灵。在政府的质量安全监管中进行市场化的改革,与市场、社会等多元主体协同开展质量合作治理,也是美国自20世纪80年代以后,政府质量管理体制发展的重要路径。在美国,不仅在质量的标准领域,而且在质量的合格评定和实验室认可等多个领域,社会组织都是其最主要的组成部分。依靠市场竞争自然形成的信用和权威地位,使这些社会组织拥有很强的行业自治能力,这种自治的效力不亚于政府的强制监管，同时又能极大地降低政府对质量安全的管理成本。

（二）惩罚性赔偿

惩罚性赔偿，又称示范性赔偿或报复性赔偿，是指由法庭所作出的赔偿数额超出实际的损害数额的赔偿。关于惩罚性赔偿的起源问题，学者间存在不同的看法。一般认为，英美两国在法律中的惩罚性赔偿起源于 1763 年英国法官 Lord Camden 在 Huckle V. money 一案中的判决，美国是在 1784 年的 Genay V. Norris 一案中最早确认这一制度。

惩罚性赔偿是加重赔偿的一种原则，目的是在针对被告过去故意的侵权行为造成的损失进行弥补之外，对被告进行处罚以防止将来重犯，同时也能惩戒他人；如果被告的侵权行为是基于收益大于赔偿的精心算计，也可以给予惩罚性赔偿，在这种情况下如果只同意给予补偿性赔偿，侵权人只是相当于事后通过赔偿补办手续，但没有任何风险。

（三）第三方机构

"第三方机构"是"甲乙双方"之外的第三方机构，是指独立的非政府的第三方的服务机构。说它独立，主要要强调独立责任、责任分离，也就说它自己独立承担责任。我国传统的事业单位，严格意义上来讲，不是独立的第三方机构。因为老百姓认为，这些事业单位，就是政府的一部分。钱是政府出的，机构也是政府管的，人事也是政府负责的，还享受政府的待遇，出了问题，当然是政府的责任。

第三方机构是 Governance 治理方式的一种。它更合理地代表社会各方面的利益，穿针引线，协调并避免冲突，以解决问题为目标，以协调妥协为手段，以规则和程序为方法，以协议和文件约定为准则，合理地解决复杂的社会治理问题。

三　政策建议

（一）实行合作治理模式

实行以政府为主导、市场为主体、社会参与的多元合作治理模式。热点事件爆发出来的过程值得思考，传统质量监管理论已经不适应现有质量安全与质量发展现状，应该采用"合作治理"的思路以及措施。食品安全事件本身属于社会公共安全范畴，在任何一个国家单靠行政部门的职能干预和监管都是不够的，必须和消费者紧密的日常监督相结合。中国目前消费者的维权意识和公共安全意识仍然比较薄弱，公众对于危害自身的食品安全事件采取的主要模式仍然是舆论谴责，而这显然是不够的。

由于我国还处于市场经济的初级阶段，加之计划经济体制向市场经济体制的转轨尚未完成，社会发展也很不成熟，因而政府在质量的共同治理中，还必须扮演规则制定、制度安排和模式建构的主导作用。尤其是在面对由于企业不诚信导致的非正常的质量安全事件时，政府更有必要在质量监管上发挥主导作用。但是，现有的治理模式已经证明，完全依赖政府的质量监管，实际上有效性的边际产出越来越小，亟待发挥市场主体的基础作用，适应市场经济的规律，切实通过竞争建立企业的质量激励与约束机制。同时，充分地培育和发展进行质量监督的社会组织，使企业通过社会组织形成质量的自律机制，使消费者通过社会组织发挥对质量的监督作用。只有建设政府主导、企业主体和社会共同治理的模式，才能从根本上有效地管理和防范质量安全风险①。

质量安全风险是事物一种内在的客观存在，在事物的运动过程中，各个不同的风险因素相互作用，其变化的状态多种多样，人类的有限主观认识，不可能穷尽风险变化的各种形态，这就是质量安全存在的内在机理。人类主观上无论做多大的努力，都不可能消灭质量安全风险，更不可能使质量安全事件为零。此外，质量安全风险的分布，在不同主体之间也是不对称的，相较于企业这一质量的提供者而言，消费者缺乏专业的识别能力，因而无法辨识质量安全风险。作为资源有限的政府而言，面对海量的不同领域的质量安全风险，更不可能有全面的识别能力。从另外一个角度分析，即使是在人类今天已有的认识能力范围之内，也不可能对未来可能发生的质量安全风险，有完全的认识和把握②。

因而，政府无论采用什么方法，都绝不可能在质量安全这一专业性极强的领域中，随时拿出应对及时、科学无误的监管对策，只有尊重社会主体和企业主体，充分借助他们的专业能力，才有可能科学地应对复杂的质量安全风险管理。更为重要的是，企业和社会组织都是由"个人"集合而成的，质量安全风险直接涉及这些主体的利益，有着足够的激励去参与质量安全风险的治理。因而，应该放心地让社会主体和企业主体参与到质量安全的治理中来，要坚持凡是市场能解决的、社会能自治的，政府就逐

---

① 程虹、范寒冰、罗英：《美国政府质量管理体制及借鉴》，《中国软科学》2012 年第 12 期。

② 程虹：《2012 年中国质量状况》，《宏观质量研究》2013 年第 1 期。

步退出。

(二) 发展第三方独立机构

处于危机中的乳制品企业单纯靠自己的信息和解释，对公众的说服力不够，而通过第三方权威机构的验证发出信息更能使公众信服。乳制品属于信任品的范畴。由于在乳制品的交易中存在着严重的信息不对称，如果没有检测仪器的帮助，消费者食用以后也很难辨别乳制品的质量，因此乳制品属于"信任品"，即消费者的选择只能基于对产品和品牌的信任。大力培养第三方检测机构，帮助消费者解决信任品的信息选择问题，对于乳制品质量安全和产业发展有巨大推动作用。

德国商品检验基金会（以下简称 SW），就是这样一家全球出名的第三方独立分析机构。在德国老百姓眼中，该机构的公信力超过了教堂和法院。"德国制造"享誉全球的主要原因，就是来自于德国良好的质量治理体系。在这个体系当中，以德国商品检验基金会为代表的质量社会组织起到了重要的作用。德国商品检验基金会靠什么取得这么重要的作用？很简单，它通过比较试验这种国际通行的办法来发挥作用。所谓比较试验，就是通过消费者的视角来制定产品的标准，并依靠这种标准来评价厂商的产品质量，并对产品的质量给出定量和定性的结果。德国商品检验基金会的评价，不是按照政府的标准，也不具备自己的实验室，而是通过吸纳社会各方，包括厂商的代表，共同确定产品的标准，完全中立的得出测试结果。然后，主要通过纸质媒体，在德国称《测试》杂志，向消费者传播测试的结果。德国商品检验基金会公布的结果，有什么样的效果呢？只说一个例子，SW 发布的一家生产滑板安全绑带的企业，其三种产品的测试结果为不合格，遭到了企业的起诉，最后德国最高法院判决 SW 胜诉。理由是 SW 有权利从消费者的角度来制定更高的产品标准，即使这个产品符合政府的标准，也可以判定为不合格。类似这样的案例有近百例，SW 没有一例败诉。向德国学习，不光是学习"德国制造"的精良质量，而是要学习"德国制造"的治理方法，这种方法必须是现代化的，也就是政府利用社会的力量来治理。"德国制造"很优秀，更优秀的是创造"德国制造"的现代化的质量治理方式，那就是应用社会组织来治理质量。

政府应该鼓励支持这种第三方独立分析机构的发展，维护他们的独立性，给他们提供贷款，帮助他们发展。通过这些第三方机构的分析报告，来帮助消费者认识清楚企业质量状况，帮助消费者进行消费决策，打破双

188

方信息不对称的局面。

（三）实行惩罚性赔偿制度

国际上，很多国家在同一社会发展阶段时，也出现过类似的食品安全危机，但经过法律完善和制度建设方才由乱而治。类似"无上限赔偿"的惩罚性赔偿制度就是其中一个行之有效的"撒手锏"[1]。美国的一名消费者在麦当劳买了杯咖啡，因发生泼洒而烫伤皮肤。最后，麦当劳支付了270万美元的巨额"惩罚性赔偿金"；日本在"森永毒奶粉事件"的善后中要求"对所有受害者予以终身照顾"[2]。而我国无论是《消费者权益保护法》中的"双倍赔偿"，还是《食品安全法》中的"十倍赔偿"，都起不到对企业质量安全的震慑性作用。在乳制品行业中，可以尝试在婴幼儿奶粉当中实行"惩罚性赔偿制度"。一方面可以保障消费者的安全权益，使他们能够放心使用国产奶粉，另外，高额的处罚金额也能够让消费者有维权的积极性。以消费者保护为突破口来提升国民对乳制品的信任感，可以加强乳制品企业自身的质量管理水平。从企业发展的角度来看，刁钻顾客是企业的最佳教练。从另一方面说，这种制度对国内外奶粉都是公平的。据中消协2013年统计数据显示，在接到的婴幼儿奶粉投诉中，外资品牌奶粉投诉量约占六成多，实体店、网店、海外代购等渠道都有涉及。消费者投诉洋奶粉的主要问题集中在三大类：一是奶粉中有异物、异味、结块、吃出虫子、铁丝等；二是反映吃了奶粉后孩子发生了腹泻、过敏等不良反应；三是奶粉过期变质。决定乳制品质量安全的，不是国产奶粉也不是"洋奶粉"，关键还是良好的制度设置。

如果实行惩罚性赔偿制度，也可以加强对于国外品牌的监管，这对于国产乳制品品牌来说也是一件好事。在乳制品的婴儿奶粉领域实行惩罚性赔偿制度，对于提高民众的维权意识有帮助。对比我国法律和国外法律，惩罚性赔偿的惩罚对象和惩罚力度均有不同。与发达国家惩罚性赔偿，可以针对因恶劣、肆意、鲁莽等心理状态下实施的行为相比，我国的惩罚性赔偿只限于欺诈行为，其赔偿义务人只能是经营者。赔偿数额也有严格的限制，最多只是"双倍赔偿"或者"十倍赔偿"。与经营者的获利相比，此种惩罚力度较弱。从完善惩罚性赔偿的惩罚和威慑功效的角度出发，我

----

[1]　常纪文：《市场经济与我国环境法律制度的创新和完善》，中国法制出版社2004年版，第215页。

[2]　司坡森：《论国家补偿》，中国法制出版社2005年版，第118页。

国的惩罚性赔偿制度应借鉴发达国家质量安全法律法规的成功经验，制定更合理的赔偿额度。

第二节　汽车市场质量监测分析

随着全球经济一体化的发展，市场竞争越来越激烈，汽车行业的竞争态势也愈演愈烈，汽车产品在质量层面上的竞争也愈趋白热化。汽车质量程度的高低直接决定着消费者的购买意向，也成为左右汽车品牌市场知名度的关键要素，因此，越来越多的汽车制造型企业将提升汽车质量作为企业发展的一项发展课题进行研究，提高汽车的质量已经成为企业生存发展之根本。

一　特征事实

（一）汽车关注度由价格转向质量

国际知名调查机构 J. D. Power 日前发布的全球汽车市场展望报告显示，全球汽车产业重心正在向东方转移，新兴市场正在成为引领全球汽车市场需求增长的主导力量[①]。汽车市场的竞争由价格转向质量。

报告认为，未来全球汽车市场将呈现四大发展趋势：一是消费者喜好变化迅速，对于汽车制造商而言，制定灵活的商业模式势在必行；二是消费者对质量的关注将从制造质量向设计质量转变；三是如何更加高效地触达目标人群、提高认知度成为厂商面临的现实考验；四是零售业务模式将更紧密地围绕消费者改变。

J. D. Power 亚太公司发布的对中国汽车市场的回顾与展望显示，中国汽车市场的竞争已由数量转向质量，消费者由价格敏感向质量敏感过渡，因"产品质量好或可靠性"等相关因素购车的比例已达到了 42%，曾以低价占领市场的自主品牌若想生存，唯一的出路就是提升质量。

购车原因调查显示，产品质量好占 15%，居首位，而 5 年前，这个数字仅为 5%。与质量相关的"品牌信誉好/可靠性"占 14%。亲朋推荐占 13%。而"售价低"这个比例 5 年间由 10% 下降至 8%。这说明中国人买车已越来越注重质量。这一点在一、二、三线城市尤为明显。而且这对于至今仍未能在一线城市站稳脚跟的自主品牌并不是什么好消息。

---

① 李忠东：《各国发展绿色能源举措一览》，《广东科技》2009 年第 23 期。

（二）汽车进入消费者感知质量阶段

质量的定义被拓展到感知质量，而不仅仅是功能性的质量，包括一些软的质量，例如考虑到汽车的社交属性和生活属性。随着中国市场上竞争的加剧，车辆制造水平的逐渐接近，车辆细节的制造逐渐成为用户的关注重点。为了最大程度地满足中国用户对车辆的心理需求和期待，许多汽车集团都在探索建立感知质量管理体系。2008 年 8 月，神龙汽车公司出台并实施《中国车辆感知质量评价标准》，该标准从汽车设计的初期开始介入，以中国本土用户的身份对汽车产品在视觉、嗅觉、触觉、听觉等多方面，从 130 项外部评价、163 项内部评价内容，全面收集中国用户的感官反馈，在汽车设计过程中不断地提出改进意见，在产品正式上市前就建立起对中国用户需求的良好适应性。

车辆用户感知质量评价是随着汽车技术研究的深入而诞生的一项新的研究方法，其工作要点就是通过长期的经验反馈和用户调查，逐步建立起一整套立足于消费者视角的质量评价方法。汽车感知质量就是消费者在遇到一款车时能够呈现给消费者的最直观的体验，这个体验包括对汽车产品品质及特性的触觉、嗅觉、听觉、视觉、体感和精神等各个方面体验。汽车感知质量特性与特定细分市场的客户需求和愿望是相适应的。换句话说，整车感知质量的提升就是让消费者从整体上提升用车的愉悦度。在高度全球化的市场竞争中，企业既需要通过全面质量管理提高质量的固有特性，也需要从客户的角度来提高感知质量。因为市场竞争结果取决于客户对产品质量的评价和购买，而不是企业和技术专家对质量固有特性的评价，产品质量的提高需要客户导向，而非企业导向。因此，了解客户如何感知和评价产品质量变得非常重要。

在整个汽车产业大变革的今天，车辆的感知质量将成为最快速提升汽车企业产品的重要砝码。随着汽车新能源时代以及智能化时代的到来，作为传统汽车四人构成，动力、底盘、电器这三大部分已经迎来了翻天覆地的变革，唯有作为整车基体的车身在这一轮大变革中还存在。而车身是与消费者接触最多的部分，有巨大的感知质量提升空间。企业质量管理的目标要与客户的感知质量保持一致。建立汽车感知质量管理体系，是企业质量管理的新课题和刻不容缓的任务。从人体工程学上来说，无论是汽车内部还是外部，车辆的可感知质量都是来源于人们日常生活中的主观感受，而提升车辆可感知质量的工作也就是把这种主观的感受转化为客观存在的配置体现在每一款新车上。随着新车可感知质量的提升，带来的最直观的效果就是整个品牌在市场上表现力的提升。

二　理论分析

（一）质量决定数量

供给学派认为，供给对于经济增长具有决定性作用，经济的长期增长是由供给决定的，决定供给的要素是经济的生产率，供给会自动创造需求，不会存在需求不足的问题。而供给创造需求的深层次含义是质量决定数量，质量是驱动经济长期增长的根本性因素。

汽车本身的属性越是能满足消费者的需求，其在市场上就越能获得较高的评价，作为一种稀缺资源就越能获得较大的市场份额。汽车作为一种高档的消费品，其质量越好，就越能获得消费者的青睐，其品牌价值就越大。近年来，韩国汽车异军突起，韩国最大的车厂现代汽车 9 月份在美国的销售量增加了 27%，起亚汽车销量也增加了 24%。反观日本的丰田可能受到近年来的负面新闻影响，其销售量减少了 13%，而本田则减少了 20%[1]。现代大有赶超日本汽车的趋势，被人们看作下一个"丰田"的韩国现代汽车到底有何诀窍，能在世界范围内刮起一股韩系车风潮，这值得我们深思。

韩国汽车如何发展得如此迅速，从无汽车品牌到品牌融入全球化，是什么力量让韩国汽车工业从引进技术到创立自主品牌，让韩国汽车在中国迅速发展，与多个国际知名品牌在中国市场上展开厮杀[2]。第一，最主要的是要走自主创新发展的道路，创立民族汽车品牌。以往在海外市场，韩国汽车在消费者的印象中是价格便宜、质量不高。现代汽车和起亚汽车公司的产品曾一度被美国汽车公司作为旧车的代用品。后来为改善产品形象，韩国汽车业逐渐摆脱过去以出口廉价小型轿车为主的做法，开始致力于价格较高的中、大型轿车和休闲型轿车的出口，开发科技含量高的新车型。现在韩国的汽车质量和品牌形象已经得到了显著的改善。第二，韩国政府的大力支持。韩国对汽车工业发展颁布了一系列扶植法规政策，韩国政府狠抓汽车产品质量，着力改善产品形象。为了改变这种形象，提升整

---

①　唐柳杨：《韩系车异军突起大众丰田直面现代起亚威胁》，《中国汽车界》2010 年第 20 期。

②　邓立治：《企业自主品牌创新核心技术开发路径与模式研究》，《技术经济与管理研究》2008 年第 6 期。

体的韩国汽车的形象，韩国政府采取了一系列的措施①。首先，韩国政府向汽车科研开发项目提供大量资金，每年投资金额约占其总投资额的12%。其次，为了提高产品质量，韩国政府支持汽车零部件企业进行收购和合并，积极吸引国外先进汽车零部件企业来韩国建厂，建立世界水平的大型零部件专门企业以及提高汽车零部件信任度的中心，每年对10种零部件进行信任度认证。最后，在自主发展的同时融入全球化。

193

正是由于韩国汽车这种重视品质和质量的政策，韩国汽车在短短的数年间迅速发展，成为韩国的代表性工业。其市场份额也在质量上升的情况下得到了很大的提升，韩系汽车得到了消费者的信赖和认可，市场份额直逼日系车。这正说明质量的提升，会带来数量的扩张，质量成为一个国家经济可持续发展的必然要求。

（二）创造产品与改善服务的恒久目的

质量问题对汽车市场的影响占据越来越重要的位置。在选择所购买的汽车品牌时，汽车质量和维修服务质量已经成为影响车主（尤其是中低档汽车的车主）决策的最关键因素之一。对于汽车企业而言，自"老三样"时代以后，靠一款好车型吃遍天下的好日子已经一去不复返了。提升产品和服务质量，已经成为扩大市场份额、在激烈竞争中胜出的战略。因此，企业管理者应该给予高度重视，把产品质量和服务放在第一位，做到企业的全面发展。

对于相当一些汽车品牌而言，质量恐怕还不是第一优先级。按时生产、及时交货、消化库存、广告宣传、经销商管理等更头疼的问题才更重要。质量，只要不是严重影响销售的问题，更多的是交给服务环节解决。没有相当程度的重视和持续一致的要求，质量改善往往成为一种阶段性的"项目"。比如"今年我们的口号是打造完美质量"或者"质量重于生命"。如何使"质量打造完美质量"，什么是"完美质量"，如何使"质量重于生命"等都没有定量指标，更没有定期考核这些指标，往往使质量工作流于形式，始于口号，终于阶段。缺乏长期性、一致性，就不能让质量成为一种文化、一种体系。因此，坚持长期发展，注重质量和服务是我国汽车企业应该重视的问题。

---

① 杜以会：《韩国与欧盟国家的能源效率管理》，《农业工程技术（新能源产业）》2010年第2期。

三 政策建议

(一) 注重质量创新

第一，我们必须直面一个现实的问题，我国汽车在核心技术上确实远远落后于国外汽车巨头。据了解，外国汽车制造商在中国汽车零部件市场已经占到60%以上的份额，而在轿车零部件行业，有专家估计会达到80%以上[①]。同时，在汽车、电子等高新技术产品以及发动机、变速箱等核心零部件的关键领域，外国公司控制的市场份额甚至高达90%[②]。作为汽车产业链上游的零部件供应商，一旦丧失了市场的主体地位，则很可能意味着国内汽车业被外国公司"掏空"。中国的汽车业发展了多年，没能使用上自己设计的"心脏"。这是一个现实的情况，我们只能正确地面对问题来解决问题。相对于我国发展了几十年的汽车技术，我们应该从韩国汽车近些年的发展受到一些启示，相对于科技创新，我们更应该做好质量创新，因为这对于我国的汽车企业更有作用。

第二，随着市场经济的发展，我国的汽车企业也应该以消费者为导向，来适应市场节奏的变化。现在消费者选购车辆时，从价格导向逐渐转向了质量导向，更加关注汽车的可感知质量，这就更加要求我国汽车企业做好质量创新，加大质量管理，为汽车企业的良好发展加把劲。汽车行业不能仅仅停留在追逐技术创新的层面上，因为技术创新如果不能改变汽车质量，也很难转化为生产力。企业更应该着眼的是进行基于用户需求的质量创新。

(二) 从数量竞争转向质量竞争

我国汽车工业的快速发展暂时掩盖了由于加入 WTO 给国内汽车市场带来的冲击，但这并不意味着我国汽车工业及市场就没有矛盾和问题。相反，却暴露出许多问题。汽车业热度过高，供给有投资泡沫。目前，全国有 27 个省市开始开发及生产汽车，有 21 个省市生产轿车，共有 2443 个汽车企业，其中 115 个整车厂、551 个改装厂、154 个摩托车厂、56 个发动机制造厂、1567 个汽车摩托车配件厂，还有相关配套行业 168 个。相对于欧美国家的汽车行业来说，我国的汽车体系十分零散，这就造成了国内汽车行业的自相残杀，更多的企业注重价格战，汽

---

① 曹梓珞：《中国汽车零部件业产业分析》，《现代经济信息》2008 年第 8 期。
② 李克强：《汽车技术的发展动向及我国的对策》，《汽车工程》2009 年第 11 期。

车制造的核心技术一直未有很大的创新。企业间的技术创新得不到交流和分享，更多的是闭门造车，这完全不利于我国汽车行业的良性发展。只有在市场主导下，加大产业的聚集和合并，形成完善的汽车体系，我国的汽车才能在国际市场上走出一条康庄大道，才能追赶国际潮流。这就更加需要我们注重质量竞争，特别是竞争方式，做一些有利于整个行业发展的事情。

另外，我国作为汽车消费的大国，每年大概有 2000 万辆的汽车销售，整个市场的饱和度已经达到。根据中国汽车工业协会公布的 2012 全年汽车产销数据，2012 年我国生产了 1927.18 万辆汽车，同比增长了 4.63%；销售了 1930.64 万辆，同比增长了 4.33%，应该说从这两个数据可以看出，去年我国汽车产销量再次突破记录，蝉联世界第一。随着许多城市的限购令，汽车消费市场呈现出下降的趋势。在这种情况下，企业要发展、要生存，必须更加注重汽车的质量，从价格竞争转向质量竞争是一种趋势，与中国人民的汽车消费观念相符合，更加注重感知质量的建设，才能在群雄逐鹿的国内汽车领域中有一番作为。

195

第三节　质量舆情的有效管理

一　特征事实：网络质量舆情影响越来越大

质量舆情问题，作为质量安全事件的衍生问题，在互联网环境下被放大，有时造成的影响和损失甚至超过了质量安全事件本身。随着互联网快速普及，网络已经成为公开透明的利益表达和利益博弈的场所，成为各种突发事件和热门话题极其重要的信息集散地（洪巍，2013）。随着人们获取信息的渠道逐渐多元化，特别是自媒体的诞生，一些非理性的声音让本就处于扭曲状态的食品安全信息传播显得更加疯狂，这无形中加重了人们对食品安全问题的恐慌。当前食品安全信息传达的一种病态，在公众和事件的当事人、企业、科学家、政府部门之间，在食品安全信息的交流上面，确实存在着一种缺位。没有科学依据的误导性信息大占上风，造成消费者对食品安全的过度担心，也影响了政府的公信力，而且公信力一年比一年下降，这不利于中国食品安全问题的解决。

质量安全事件频繁爆发，而每一次网络事件的爆发都是对企业的一次严重的打击,很多企业在这些舆论事件的浪潮中损失巨大或者沉没不见。成功的企业都是相似的,但失败的企业各不相同,而质量问题往往是企业破产的导火索。面对同样的质量安全事件,不同企业的质量舆情应对方式不同,产生的结果也迥然不同。企业在处理质量事件过程中稍出差错都将会给企业带来致命伤害。互联网时代网络质量舆情的力量不可小觑,企业应该认真对待并且进行有效应对。

196

二 理论分析

(一) 企业网络治理

网络治理的理论基础是企业网络理论。企业不是孤立的,会与许多关系主体发生各种交易行为,由此形成的网络中如何协调各网络主体的利益,如何对企业内部资源与外部网络资源进行有效组合,已成为网络治理的主要内容①。

所谓的利益相关者是指那些在企业发展过程中,对企业生产经营活动能够产生重大影响的团体或个人。这个团体或个人既可能是公司内部的员工,也可能是公司外部的供应商、竞争对手等。在互联网环境下,面对质量安全事件,企业的利益相关主体远远超过传统范畴,网民也成为质量安全事件的利益相关主体。

在企业的网络分析中,不论是社会关系网络结构观、弱关系力量假设与社会资源理论,还是嵌入理论、社会资本理论,研究的都是人与人、组织与组织以及人与组织之间形成的关系网络。研究企业网络治理,不能不关注网络质量现象。

(二) 网络质量舆情是有运行规律的

网络舆情是由于各种事件的刺激而产生的、通过互联网传播的人们对于该事件的所有认知、态度、情感和行为倾向的集合②。也有人认为,网络舆情是以网络为载体,以事件为核心,广大网民情感、态度、意见、观点的表达、传播与互动,以及后续影响力的集合。

质量网络舆情是指在一定的社会空间内,通过网络围绕质量事件的发生、发展和变化,作为主体的民众对作为客体的公共问题和社会管理者,

① 彭正银:《网络治理理论探析》,《中国软科学》2002 年第 3 期。
② 曾润喜:《网络舆情管控工作机制研究》,《图书情报工作》2009 年第 18 期;曾润喜:《网络舆情信息资源共享研究》,《情报杂志》2009 年第 8 期。

产生和持有的社会政治态度、信念和价值观。质量网络舆情发展包含着独特的运行规律：在网民多种意见的交相呈现和反复激荡中，理性的声音逐渐上升，最终会形成多元互补的格局。

网络舆情"黄金 4 小时"法则。人民网舆情监测室基于当下媒体环境提出了"黄金 4 小时"原则①。"黄金 4 小时"指的是新闻发布的及时性，政府要第一时间发声，政府要第一时间处理问题，做突发事件的"第一定义者"②。网络舆情六大要素：网络、事件、网民、情感、传播互动、影响力。

三　政策建议

（一）企业舆情应对原则

网络舆情具有突发性、爆炸性、直接性、趋同性、隐蔽性、偏差性等特点，它的影响是巨大的，一旦企业对这些真假难辨的网络舆情处理不当，互联网匿名、虚拟等特点所导致的非理性、情绪化、偏激的舆论就可能不断蔓延和升级，极有可能诱发广大网民的不良情绪及不良行为的发生，使企业遭受前所未有的信任危机，进而破坏企业品牌形象，甚至对企业正常的生产经营造成严重威胁。企业在应对网络舆情时应遵循以下三个原则。

原则一：快速反应。网络舆情和社会舆论一样，具有一定的时效性，在传播过程中会形成多个节点，企业网络舆情处理部门人员应该掌握网络舆情发展的一般规律，一旦发现相关舆情信息，企业应该快速反应，在第一时间内进行有效处理。

原则二：勇于承担。企业在舆情事件发生后，应该选择积极面对，勇于承担责任，而不是一味地选择回避和沉默，在信息发达的年代，传统的"掩耳盗铃"的观念必须被改变。

原则三：真诚沟通。在网络舆情传播中，由于发言者的身份隐蔽，缺少有效限制和监管的互联网自然成为一些网民发泄的空间，再加上传播主体也是模糊的，因此在网络上更容易出现一些片面的、非理性的言论。企业应该通过发言人与广大网民保持沟通，切忌简单粗暴的删帖，要注重运

---

① 张剑、傅文仁：《破除公众"就是不信"的难题——"灰霾锁江城"网络舆论引导战的实践与思考》，《新闻前哨》2012 年第 10 期。

② 万勇：《森林火灾扑救与媒体应对》，《森林防火》2012 年第 3 期。

用动之以情、晓之以理的引导艺术，使网民产生理性和情感上的共鸣。

经过近年来大量财经舆情监测经验的积累，企业财经舆情研判与应对已经形成了一套基本的指标体系。结合具体案例，依据财经舆情应对指标体系，舆情分析师一方面可以对企业舆情进行即时研判，还能预见可能出现的舆情走势和问题，制定预案防止出现应对失误；另一方面还可以针对企业舆情应对效果进行评估，总结企业舆情应对是否及时有效，应对技巧是否科学合理等，及时总结经验教训，建立企业舆情案例库和舆情应对培训机制。

（二）分级分类处理

企业面临不同程度的舆情事件时应该认清形势，冷静分析事件等级，不同等级事件运用不同响应层级应对。一般情况下，企业舆情响应的层级包括董事长、总裁、副总裁、总经理等，响应层级不同，舆情应对效果依次递减。事件不仅可以根据层级分类，还可以根据事件类型分类，例如乳制品企业的质量事件一旦爆发，就像触及民众最紧张的一根神经而引起轩然大波，而汽车企业每年的事故人数远超于乳制品企业，但在民众之间的影响力和敏感度较弱，由此可见，不同类别的事件需要不同策略应对。

网络是柄双刃剑，企业要善于在第一时间内争取舆论话语权，防止网络言论扩大化。实际上在近年很多舆情事件中，企业都没有做到第一时间成为事件的定义者，话语权旁落的案例很多。响应速度方面，遵循"黄金4小时"原则。在舆情事件发生后数小时内全面做好舆情发酵期的网络监控，冷静分析做好舆情研判，而不是一味地陷入"怕、躲、捂、压、盖、删、糊"的恶性循环中。

企业在经历舆情事件的整个过程中，企业公信力也将受到严峻的考验。企业舆情响应及时、科学、有效，则企业的公信力就能得到修复和维护。媒体、网友对于企业应对举措是否认可，认可的程度如何，都是衡量企业公信力的主要依据。

因此，企业网络舆情处理部门或相关人员，应掌握网络舆情的层级和类别，分级分类的处理舆情不同、级别不同类型的事件。

（三）危机事件的过程管理

网络舆情与其他事件一样，都会经历潜伏期、发展期、高潮期、回落期和消退期等环节。一般舆情事件在发生前都会经历潜伏期，会以一两个小高潮的形式出现，并且进入发展期，若未能在高潮期前对事件作出及时有效的应对，一旦传播开来将会迅速达到高潮期，其负面影响将会被最大化。

　　企业随着舆情的不断发酵、矛盾的激化或转移，整体事件都将处在一个不停变化的动态环境中，迅速调整立场、更换手法的舆情应对能力应该是企业在危机事件过程中需要体现的方面。第一，需要判断危机所处的阶段，并根据其结论制定不同的应对举措。在事件发酵期，企业需要迅速全面地做好网络监测，冷静分析形势，研判舆情，并且在第一时间内积极正面回应舆情事件，启动舆情应对预案，做好舆论引导，防止事态扩大。在事件发展期，很容易出现负面情绪"溢出"效应，任何一个独立的事件都有可能被片面化、情绪化理解，激起带有普遍性的社会对立情绪，此时企业要延续有效应对举措，通过发言人和第三方途径与广大网民进行积极有效的真诚沟通，疏导舆论。在事件高潮期，企业要谨防应对失当引起舆情反弹，同时进行企业形象修复。企业在高潮期也是最为敏感的时期，这一时期内企业需要时刻谨防自身和他人的言行举止，很可能由于个别人员细微的不当言行而导致矛盾的再次激化。在事件回落期，则需要及时转移受众视线，以防止舆情反弹，同时需要进行企业形象修复。在此阶段企业应该更注重于事件的善后处理，在造成重大生命财产损失的企业舆情危机中，企业必须适时启动善后处理机制，弥补负面事件所造成的损失，及时修复品牌美誉度和企业公信力。

　　企业发生重大突发舆情事件时，政府部门等第三方的响应也在时刻影响事件的发展，对于政府部门来说：一方面是履行行政和司法监管的职责，维护公平竞争的市场秩序；另一方面，对于本地区重要行业和企业，政府还负有扶持和保护的义务。第二，行业协会在企业舆情危机中，一方面是代表本行业与政府部门进行沟通协调，维护本行业的公共形象与整体声誉；一方面是作为第三方行会组织，协调当事企业与其他企业之间的经济、法律和声誉关系。第三，工会组织在劳资矛盾话题中，往往会发挥很大的作用。第四，检验检测机构，在近年来的企业舆情事件中，其作用不容置疑，尤其以食品药品安全事件为例，几乎没有企业舆情事件缺少权威的检验检测机构的参与。第五，消费者协会，是企业舆情危机第三方相应指标中最为特殊的，一方面，企业要采取快速、有效的舆情危机应对，如果能争取到消费者和消费者协会的正面回应和认可，将大大有利于企业声誉的恢复；另一方面，消费者协会也该在企业舆情危机中，维护消费者合法权益，协调与推动企业回到公平竞争和合法经营的轨道上来，这是建立良好的市场经济秩序的长期措施。

（四）质量事件的网络公关

企业在事件发生后必须在心态上充分认识到网络舆情的可防可控，增强自身信心，在网络公关方面要善于利用技巧而不是一味蛮干，运用网络等新媒体进行信息发布和意见沟通，熟悉网络宣传和引导技巧，并且在事件全过程中需要信息透明化，企业应该更多地借助第三方权威媒体的公正力量让事件信息透明化，企业在面对突发网络舆情危机时，"不回避、不失语、不妄语"，坚持"速报事实、慎报原因、再报进展"，在舆情发生期及时遏制留言产生的可能性。此外，经实践证明，实名公开、开诚布公的网络发言人在态度谦虚诚恳有耐心的基础上，面对网友是赢得网络民意、修复企业美誉度的良策。新闻发言人和网络发言人专职化，加强舆情监测，保持与媒体和网友良性互动，特别是注意回避网上的各种情绪宣泄和过激的争论等，是能够避免企业舆情失控的有效途径。

（五）网络舆情应对方法

网络舆情具有以下特点：

1. 直接性。通过 BBS、新闻点评和博客网站，网民可以立即发表意见，下情直接上达，使民意表达更加畅通①。

2. 突发性。网络舆论的形成往往非常迅速，一个热点事件的存在加上一种情绪化的意见，就可以成为点燃一片舆论的导火索②。

3. 偏差性。由于发言者身份隐蔽，并且缺少规则限制和有效监督，网络自然成为一些网民发泄情绪的空间③。在现实生活中遇到的挫折、对社会问题的片面认识等，都会利用网络得以宣泄④。因此在网络上更容易出现庸俗、灰色的言论。当前，互联网技术迅猛发展，网络舆论随之孕育而生。正确应对网络舆论，应把握两个关键：

（1）态度决定方式。乳制品企业应当了解互联网，这是正确应对的基础。应对网络舆论要注意方式方法，正确的应对措施才能产生预期的效

---

① 侯松：《面向网络舆情态势分析的文本分类研究》，硕士学位论文，国防科技大学，2009 年，第 25 页。

② 金晓鸥：《互联网舆情信息获取与分析研究》，硕士学位论文，上海交通大学，2008年，第 35 页。

③ 刘丽敏：《地方政府应对网络舆情危机对政策研究》，《经济论坛》2011 年第 1 期。

④ 马映红：《关于网络舆情基本特点的思考》，《学理论》2010 年第 18 期。

果，这是应对网络舆论的落脚点。要了解网络舆论。要看得懂网络舆论，知晓网络语言的基本含义。能对网络舆论的性质作出基本的判断，正确区分出一般网络舆论、网络群体性事件、网络谣言。知晓网络舆论的发展规律，网络舆论产生的载体，网络舆论产生的现实背景。了解并掌握与网络媒体打交道的基本的技巧。发表具有倾向性的观点时要进行充分的思考，不成熟的不讲，不合理的不讲。

（2）网络舆论虽然产生并流传于网络上，其根源还在于现实生活。因此，正确应对网络舆论，加强日常工作的处理是重要一环。首先，乳制品企业要加强自身素质建设。对所处行业的工作了然于胸，不说外行话；时刻提醒自己注意自己的企业道德形象，牢记为消费者提供更好服务的宗旨。其次，乳制品企业要创新政府新闻机制建设。包括建设好并充分发挥好新闻发言人制度的作用，堵死流言产生的现实途径；建立健全网络新闻发言人制度，定期的、有针对性地对消费者共同关心的问题释疑答难；加强与网友的沟通，采取"做客"、与网友网上聊天等形式，主动说明问题。再次，要做好信息公开工作。主动公开消费者关心的热点问题、涉及消费者切身利益的一些决策的结果，并做好充分的解释工作。最后，乳制品企业要建立起自身健全网络舆情监督机制。针对一般性的网络舆论，要知晓，能判断，有回应。对网络群体性事件要做到有预案、有应对、有措施。

参考文献

1. Deming, W. E. , Out of the Crises. Massachusetts Institute of Technology Center of Advanced Engineer Study, 1982, p. 15.

2. Douglas. Ching Shan Hui, 2001, Key Aspects on Customer Behavior of Hong Kong Internet Shoppers – An Empirical Study, http://dcshui. uhome. net/book/287917. pdf.

3. European Commission, RAPEX, http://ec. europa. eu/consumers/safety/rapex/index_ en. htm.

4. Fishbein, M. Ajzen, I, 1975, Belief, Attitude, Intention and Behavior: An Introduction to Theory and Research, Wesley, MA: Addison.

5. Fornell, C. , A National Customer Satisfaction Barometer: The Swedish Experience, Journal of Marketing, 1992, 56, pp. 6 – 21.

6. Fornell, C. , Johnson, M. D. , Anderson, E. W. , Cha, J. , Bryant, B. E. , 1996, "The American Customer Satisfaction Index: Nature, Purpose and Findings", Journal of Marketing, 1992, 60, pp. 7 – 18.

7. Joachims T, Text categorization with support vector machines learning with many relevant features. 10th European Conference on Machine Learning, 1998, pp. 137 – 142.

8. Kotler, P. , Marketing Management: Analysis, Planning, Implementation and Control, 7th ed, Englewood Cliffs, NJ: Prentice Hall. 1991.

9. Mara, J. , Good Buys, Brandweek, 2000, 3, pp. 58 – 64.

10. Maslow, A. H. , A Theory of Human Motivation, Psychological Review, 1943, 50, pp. 370 – 396.

11. Mitehell, T. , Machine Learning. New York: McGraw – hill. 1997.

12. Mitchell, V. W, Consumer perceived risk: Conceptualizations and models,

European Journal of Marketing, 1999, 33 (1/2), pp. 163 – 196.

13. Murthy, S. K. , Automatic Construction of Decision Tree from Data: A Multi – disciplinary Survey, Data Mining and Knowledge Discovery, 1998, pp. 345 – 389.

14. Pawlak, Z. , Routh set Throry and its Applications, Telecommunications and Information Technology, 2002, pp. 7 – 15.

15. Rosen. Howard, E – retail: Gold Rush or Fool' s Gold, California Management Review, 2000, Vol. 42, No. 3, pp. 72 – 100.

16. Ruiz, M. E. , Asan. P. S. , Hierarchical Text Categorization Using Neural Networks, Information Retrieval, 2002, pp. 87 – 118.

17. U. S. CPSC, 2000, NEISS, The National Electronic Injury Surveillance System: A Tool for Researchers, http: //www. cpsc. gov.

18. Vapnik V. N. , 199, "Estimation of dependencies based on empirical data", [C]. //computational intelligence for financial Engineering. Porceedings of the IEEE/IAFE1995.

19. Yang Y, chut C, An example based Mapping Method for Text Categorization and Retrieval. ACM Transactions on Information Systems, 1994, pp. 252 – 277.

20. Yining Yang, Xin Liu. , A re – examination of Text categorization methods, 22nd Annual International ACM SIGIR Conference on Research and Development in Information Retrieval. New York . ACM Press, 1999, pp. 42 – 49.

21. U. S. Consumer Product Safety Commission Organizational Chart (http: //www. cpsc. gov/about/orgchart. pdf), 2012 – 5 – 23.

22. Humphrey's Executor v. U. S. , 295 U. S. 629. 1934.

23. Code of Federal Regulations, Title 21, Part 113 Thermally Processed Low Acid Foods Packaged in Hermetically Sealed Containers; Part 114 Acidified Foods; Part 120, Hazard Analysis and Critical Control Point (HACCP) Systems; Title 9, Chapter 3, Food Safety and Inspection Service, Department of Agriculture. 2012.

24. Morrison v. Olson, 487 U. S. 654. 1988.

25. Circular No. A – 119—Federal Register (Federal Participation in the De-

velopment and Use of Voluntary Consensus Standards and in Conformity Assessment Activities). 1998.

26. The office of Management and Budget Circular A – 119 Revised. 1998.

27. ANSI. Domestic Programs (American National Standards) Overview (http://www. ansi. org/standards _ activities/domestic _ programs/ overview. aspx? menuid = 3), 2012 – 5 – 23.

28. NIST. Memorandum of Understanding between the American National Standards Institute, and the National Institute of Standards and Technology. 2000.

29. ANSI. ANSI Accredited Standards Developer – basic contact information (http://publicaa. ansi. org/sites/apdl/Documents/Standards%20Activities/American%20National%20Standards/ANSI%20Accredited%20Standards%20Developers/MAY12ASD_ basic. pdf), 2012 – 5 – 23.

30. ANSI. On History Overview (http://www. ansi. or/about_ ansi/introduction/history. aspx? menuid = 1), 2012 – 05 – 23.

31. Federal Trade Commission Budget and Performance. Management's Discussion and Analysis. 2010.

32. Guidance for Industry, Third Parties and Food and Drug Administration Staff, Medical Device ISO 13485: 2003 Voluntary Audit Report Submission Pilot Program. 2012.

33. Anderson, E. W. , Fornell, C. , Lehmann, D. R, Customer Satisfaction, Market Share, and Profitability: Findings from Sweden, Journal of Marketing, 1994, 59, pp. 53 – 66.

34. Blei, David M. , Andrew Y. , Latent Dirichlet Allocation, Journal of machine learning research, 2003, pp. 993 – 1022.

35. Chih – Chung Chang, Chih – Jen Lin, 2001, LIBSVM: a library for Support Vector Machines.

36. Van Driel, M. A. , Bruggeman, J, vriend, G. , etal. A text – Mining analysis of the haman phenome. European Journal of Human Genetics, 2006, 14 (5): 535 – 542。

37. Anonymous. FDA Milestones. FDA Consumer, 2006, 40 (1): p: 36.

38. Marc T. Law. The Origins of State Pure Food Regulation. Journal of Eco-

nomic History, 2003, 63 (4): pp. 1103 – 1130.

39. Shah, Rakhi B, Khan, Mansoor A. The Evolution of FDA's Role in Ensuring Product Quality. Pharmaceutical Technology, 2007, 31 (7): p. 52.

40. FDA History, Significant Dates in U. S. Food and Drug Law History, (http://www. fda. gov/AboutFDA/WhatWeDo/History/default. htm), 2012 – 5 – 23.

41. U. S. Food and Drug Administration. Pathway to Global Product Safety and Quality: A Special Report. 2011.

42. The Consumer Product Safety Act, Public Law 92—573; 86 Stat. 1207. 1972.

43. Food Safety Modernization Act, Section 303 (q) (2), Public Law 111 – 353. 2011.

44. Akerlof, George. The Market for "Lemons": Quality Uncertainty and the Market Mechanism. Quarterly Journal of Economics, 1970, 84 (3): pp. 488 – 500.

45. U. S Consumer Product Safety Commission. Performance and Accountability Report [R]. 2007.

46. [英] 维克托·迈尔 - 舍恩伯格、肯尼思·库克耶:《大数据时代》, 浙江人民出版社 2013 年版。

47. [英] 维克托·迈尔 - 舍恩伯格:《删除:大数据时代的取舍之道》, 浙江人民出版社 2013 年版。

48. 徐梅:《日本的规制改革》, 中国经济出版社 2003 年版。

49. 王名扬:《美国行政法》, 中国法制出版社 1999 年版。

50. [英] 戴维·米勒、韦农·波格丹诺:《布莱克维尔政治学百科全书》, 邓正来译, 中国政法大学出版社 2002 年版。

51. 樊红平、牟少飞、叶志华:《美国农产品质量安全认证体系及对中国的启示》,《世界农业》2007 年第 9 期。

52. 刘鹏飞:《如何应对网络舆情? ——网络舆情分析师手册》, 人民网舆情监测室, 2011 年。

53. [美] 克劳士比:《质量免费——确定质量的艺术》, 中国人民大学出版社 2006 年版。

54. [美] 戴维·奥斯本、特德·盖布勒:《改革政府》, 周敦仁译, 上海译文出版社 2006 年版。

55. 程虹：《宏观质量管理》，湖北人民出版社 2009 年版。

56. 程虹：《宏观质量统计与分析》，北京大学出版社 2011 年版。

57. 龚才春、王鹏：《短文本语言计算关键技术研究》，《中国软科学》 2008 年第 6 期。

58. ISO：《ISO 9000：2000，质量管理体系要求》。

59. ISO：《ISO 9000：2008，质量管理体系要求》，GB/T 19001—2008/ ISO 9001：2008。

60. 金莉芝、马丽：《论企业形象》，《工业技术经济》2001 年第 2 期。

61. 日 本 全 国 消 费 生 活 信 息 网 络 系 统，PIO － NET（ http：// datafile. kokusen. go. jp/）。

62. 尚文倩：《文本分类及相关技术研究》，北京交通大学出版社 2007 年版。

63. 隋鹏程、陈宝智、隋旭：《安全原理》，北京化学工业出版社 2005 年版。

64. 王振新：《网络信息传播风险分析及对策研究》，中国科学院研究生 院，2007 年。

65. 中华人民共和国国家标准化指导性技术文件：《卓越绩效评价准则实 施指南》（GB/Z 19579—2012）。

66. 中国互联网络信息中心（CNNIC）：《第 30 次中国互联网络发展状况 统计报告》，2012 年。

67. 中国互联网络信息中心（CNNIC）：《中国互联网络热点调查报告（电 子邮箱和网络购物)》，2004 年。

68. 朱兰：《朱兰质量手册（第五版）》，中国人民大学出版社 2003 年版。

69. 王耀忠：《食品安全监管的横向和纵向配置——食品安全监管的国际 比较与启示》，《中国工业经济》2005 年第 12 期。

70. 高晓红、康键：《主要发达国家质量监管现状分析与经验启示》，《标 准科学》2008 年第 10 期。

71. 薛庆根、褚保金：《美国食品安全管理体系对我国的启示》，《经济体 制改革》2006 年第 3 期。

72. 王兆华、雷家骕：《主要发达国家食品安全监管体系研究》，《中国软 科学》2004 年第 7 期。

73. 王艳红：《发达国家质量监管体系及对我国的启示》，《行政与法》

2012 年第 3 期。

74. 曾延光：《APEC 成员国产品安全市场监管机制研究分析》，《标准科学》2009 年第 8 期。

75. 刘鹏：《公共健康、产业发展与国家战略——美国进步时代食品药品监管体制及其对中国的启示》，《中国软科学》2009 年第 8 期。

76. 吕晓莉：《公共权力与全球治理——"公共权力的国际向度"学术研讨会论文集》，中国政法大学出版社 2011 年版。

77. 郭力生、张丽莉、凌善康：《美国实验室认可制度简介》，《WTO 经济导刊》2004 年第 12 期。

78. 俞军杰：《中国汽车业质量管理现况初探》，《陕西汽车制造》2008 年第 5 期。

79. 曹梓珞：《中国汽车零部件业产业分析》，《现代经济信息》2008 年第 8 期。

80. 李克强：《汽车技术的发展动向及我国的对策》《汽车工程》2009 年第 11 期。

81. 秦海霞：《中国机械制造落后 30 年》，《小康》2006 年第 7 期。

82. 程虹、范寒冰、肖宇：《企业质量安全风险有效治理的理论框架——基于互联网信息的企业质量安全分类模型及实现方法》，《管理世界》2012 年第 12 期。

83. 苏璞睿、冯登国：《面向国家战略需求构建信息安全体系》，《高科技与产业化》2013 年第 2 期。

84. 胡素青：《大数据，向巅峰出发》，《金融科技时代》2012 年第 9 期。

85. 程虹：《中国质量怎么了》，湖北科学技术出版社 2013 年版。

86. 涂子沛：《大数据：正在到来的数据革命》，广西师范大学出版社 2012 年版。

87. 安涛：《2012 年度中国汽车质量网车主投诉分析报告，产品可靠性报告，2013（Z）：30 – 33【EB/OL】》，中国汽车质量网，2013 – 1 – 14。

88. 施颖：《产品质量安全风险监管运行机制研究》，中国矿业大学（北京），博士学位论文，2013 年。

89. 明贵栋：《汽车后市场潜力凸显 零部件产业需集成服务》，《铸造纵横》2013 年第 5 期。

90. 李艳萍：《汽车后市场对中国经济的驱动》，《科技资讯》2010 年第

8 期。

91. 俞兵：《汽车维修市场发展模式研究》，《汽车零部件》2011 年第 9 期。

92. 汪卫东：《汽车电子技术的发展与产品市场现状及预测》，《汽车电器》2005 年第 2 期。

93. 陈畴镛、夏文青、王雷：《企业同质化对产业集群技术创新的影响与对策》，《科技进步与对策》2010 年第 27 期。

94. 李长忠：《汽车维修市场的分析》，《汽车维修与保养》2009 年第 6 期。

95. 代碧波：《我国汽车后市场现状及发展趋势研究》，《经济研究导刊》2010 年第 20 期。

96. 洪巍、吴林海：《中国食品安全网络舆情发展报告》，北京中国社会科学出版社 2013 年版。

97. 鲁文瑛：《论抽样检验方法在产品质量检验中的重要性》，《山西统计》2001 年第 9 期。

98. 李道忠：《抽样检验在质量检验中的应用》，《中国质量》2004 年第 5 期。

99. 李军虹、马保兴：《质量监督抽样检验中应注意的几个问题》，《现代经济信息》2010 年第 18 期。

100. 于杰：《浅析产品质量监督中抽样检验标准的使用》，《中国外资》2011 年第 1 期。

101. 熊俊华：《建新矿矿用多信道无线应急调度通讯系统及其应用》，《采矿技术》2010 年第 1 期。

102. 韩英波：《电子产品质量检验及分析研究》，《计算机与网络》2011 年第 14 期。

103. 熊东红、贺秀斌、周红艺：《土壤质量评价研究进展》，《世界科技研究与发展》2005 年第 1 期。

104. 谭沛、邬智高：《松香及其改性产品质量检验方法综述》，《化工技术与开发》2007 年第 5 期。

105. 董芳：《高速钢产品质量检验信息管理系统》，河北工业大学，硕士学位论文，2007 年。

106. 刘淼：《智能人工味觉分析方法在食品质量检验中的应用研究》，浙江大学，研究生学位论文，2012年。

107. 丁苏苏等：《氨咖黄敏胶囊中2种组分质量控制方法的建立及9厂家产品质量评价》，《中国药房》2013年第5期。

108. 顾红烽：《蚕丝被产品质量评价体系的建立》，《中国标准化》2012年第10期。

109. 陈文辉：《检验检疫机构出口产品质量检验监管模式研究——以东莞出口玩具为例》，浙江大学，研究生学位论文，2009年。

110. 邵彦辉：《浅议产品质量检验在质量技术监督中的作用》，《中国城市经济》2011年第8期。

111. 王玉鹏：《论加强产品质量检验的有效途径》，《当代经济》2011年第11期。

112. 严春香：《医院全面质量管理综合评价体系的研究》，《中国医药管理》2002年第1期。

113. 尹爱田、李曙光、张兴旭：《对医疗质量评价指标体系的评析》2005年第3期。

114. 朱正威、冯波：《电子政务产品质量评估初探》，《西安交通大学学报》（社会科学版）2004年第3期。

115. 安晓春、施一昕、韩俊仙：《化工产品质量评价及应用》，《合成技术及应用》2011年第4期。

116. 姚恒、刘敏、高凌峰：《基于结构方程和PLS的建筑施工企业顾客满意度评价模型研究》，《工程管理学报》2013年第1期。

117. 汪文雄：《大型建设工程项目满意度评价模型研究》，《重庆建筑大学学报》2007年第3期。

118. 王云：《大型连锁超市供应商满意度评价指标体系构建与实证研究》，《物流工程与管理》2013年第3期。

119. 唐琼：《基于LibQUAL＋TM的广东高校图书馆服务质量评价》，《大学图书馆学报》2006年第2期。

120. 周欢怀：《卡诺模型在电子商务顾客满意度中的应用研究》，《经济论坛》2008年第2期。

121. 康大庆、张旭梅：《产品顾客满意度评价指标体系和方法研究》，《计算机集成制造系统》2003年第5期。

122. 祝爱民：《服务型制造模式下服务质量顾客满意度评价》，《沈阳工业大学学报》（社会科学版）2013 年第 3 期。

123. 查金祥、王立生：《网络购物顾客满意度影响因素的实证研究》，《管理科学》2006 年第 1 期。

124. 周耀烈：《C2C 电子商务中服务质量与顾客忠诚之间的关系研究》，《未来与发展》2009 年第 6 期。

125. 禹银艳、杨姗媛：《B2C 电子商务顾客满意度测评研究》，《统计与决策》2009 年第 20 期。

126. 左文明：《B2C 商务网站服务质量评价体系与模型》，《情报杂志》2010 年第 11 期。

127. 刘东胜：《网上购物顾客满意度影响因素实证研究以淘宝网为例》，《中国市场》2011 年第 23 期。

128. 王宏伟：《国外地震灾害恢复重建的经验与借鉴》，《国家行政学院学报》2008 年第 5 期。

129. 赵子健：《Web2.0 时代大中型企业网络舆情监测机制探讨——舆情监测在网络危机处理中的应用》，《电子商务》2010 年第 5 期。

130. 马晓薇：《微博与传统网络媒体对一起人禽流感疫情舆情监测特点分析》，《疾病监测》2013 年第 1 期。

131. 兰新月：《突发事件网络舆情传播规律与预警阶段研究》，《情报杂志》2013 年第 5 期。

132. 张合斌：《高校校园网络社区舆情形成及特征研究》，《东南传播》2009 年第 11 期。

133. 张彭涛：《基于高校突发事件的网络舆情监控预警机制研究》，《科技创业月刊》2012 年第 1 期。

134. 范明珠：《电子化政府背景下网络舆情监控工作机制的创新研究》，《法制与社会》2012 年第 11 期。

135. 辛红：《食品安全风险监测网络将延伸至农村》，《北京农业》2010 年第 25 期。

136. 张秋霞：《省级政府互联网舆情监控对策研究》，《河南工业大学学报》（社会科学版）2011 年第 4 期。

137. 朱云龙：《食品安全网络舆情引导应对研究》，《东南传播》2013 年第 5 期。

138. 刘文、李强：《食品安全网络舆情监测与干预研究初探》，《中国科技论坛》2012 年第 7 期。

139. 周益添、李德宝:《加强舆情监测　科学处置产品质量安全突发事件》,《质量与标准化》2012 年第 9 期。

140. 李祥洲:《农产品质量安全网络舆情分析研判探讨》,《中国食物与营养》2013 年第 5 期。

141. 李祥洲:《农产品质量安全网络舆情形成原因及发展路径分析》,《农产品质量与安全》2013 年第 5 期。

142. 郭林宇:《农产品质量安全网络舆情监控体制机制研究》,《食品科学》2013 年第 5 期。

143. 宋华琳:《美国行政法上的独立规制机构》,《清华法学》2001 年第 6 期。

211